WJEC French

Louise Pearce, Bethan McHugh
and Chris Whittaker

Endorsed by

First published by
Crown House Publishing Ltd
Crown Buildings, Bancyfelin, Carmarthen, Wales, SA33 5ND, UK
www.crownhouse.co.uk
and
Crown House Publishing Company LLC
PO Box 2223
Williston, VT 05495
www.crownhousepublishing.com

© Louise Pearce, Bethan McHugh and Chris Whittaker, 2016

The right of Louise Pearce, Bethan McHugh and Chris Whittaker to be identified as the authors of this work has been asserted by them in accordance with the Copyright, Designs and Patents Act 1988.

First published 2016. Reprinted 2016.

All rights reserved. Except as permitted under current legislation no part of this work may be photocopied, stored in a retrieval system, published, performed in public, adapted, broadcast, transmitted, recorded or reproduced in any form or by any means, without the prior permission of the copyright owners. Enquiries should be addressed to Crown House Publishing Limited.

Crown House Publishing has no responsibility for the persistence or accuracy of URLs for external or third-party websites referred to in this publication, and does not guarantee that any content on such websites is, or will remain, accurate or appropriate.

British Library of Cataloguing-in-Publication Data

A catalogue entry for this book is available from the British Library.

An extension of this page is on p. 242.
ISBN 978-178583083-9

Printed and bound in the UK by
Gomer Press, Llandysul, Ceredigion

CONTENTS

INTRODUCING WJEC GCSE FRENCH 6

IDENTITY AND CULTURE 9
UNIT 1: YOUTH CULTURE
Module 1a Self and relationships
Module 1b Technology and social media

1a Self and relationships (1) 10
1a Self and relationships (2) 12
1a Self and relationships (3) 14
1a Self and relationships Vocabulary Glossary. . . . 16
1b Technology and social media (1) 20
1b Technology and social media (2) 22
1b Technology and social media (3) 24
1b Technology and social media
    Vocabulary Glossary 26
1a & 1b Grammar in Context 28

WALES AND THE WORLD – AREAS OF INTEREST 31
UNIT 1: HOME AND LOCALITY
Module 2a Local areas of interest
Module 2b Travel and transport

2a Local areas of interest (1). 32
2a Local areas of interest (2). 34
2a Local areas of interest (3). 36
2a Local areas of interest Vocabulary Glossary . . . 38
2b Travel and transport (1). 42
2b Travel and transport (2). 44
2b Travel and transport (3). 46
2b Travel and transport Vocabulary Glossary 48
2a & 2b Grammar in Context 50

CURRENT AND FUTURE STUDY AND EMPLOYMENT. 53
UNIT 1: CURRENT STUDY
Module 3a School/college life
Module 3b School/college studies

3a School/college life (1) 54
3a School/college life (2) 56
3a School/college life (3) 58
3a School/college life Vocabulary Glossary 60
3b School/college studies (1) 64
3b School/college studies (2) 66
3b School/college studies (3) 68
3b School/college studies Vocabulary Glossary . . . 70
3a & 3b Grammar in Context 74

IDENTITY AND CULTURE 77
UNIT 2: LIFESTYLE
Module 4a Health and fitness
Module 4b Entertainment and leisure

4a Health and fitness (1) 78
4a Health and fitness (2) 80
4a Health and fitness (3) 82
4a Health and fitness Vocabulary Glossary 84
4b Entertainment and leisure (1) 88
4b Entertainment and leisure (2) 90
4b Entertainment and leisure (3) 92
4b Entertainment and leisure
    Vocabulary Glossary 94
4a & 4b Grammar in Context 98

CONTENTS

WALES AND THE WORLD – AREAS OF INTEREST 101
UNIT 2: THE WIDER WORLD
Module 5a Local and regional features and characteristics of France and French-speaking countries
Module 5b Holidays and tourism

5a Local and regional features and characteristics of France and French-speaking countries (1) 102
5a Local and regional features and characteristics of France and French-speaking countries (2) 104
5a Local and regional features and characteristics of France and French-speaking countries (3) 106
5a Local and regional features and characteristics of France and French-speaking countries Vocabulary Glossary 108
5b Holidays and tourism (1) 110
5b Holidays and tourism (2) 112
5b Holidays and tourism (3) 114
5b Holidays and tourism Vocabulary Glossary .. 116
5a & 5b Grammar in Context 118

CURRENT AND FUTURE STUDY AND EMPLOYMENT 121
UNIT 2: ENTERPRISE, EMPLOYABILITY AND FUTURE PLANS
Module 6a Employment
Module 6b Skills and personal qualities

6a Employment (1) 122
6a Employment (2) 124
6a Employment (3) 126
6a Employment Vocabulary Glossary 128
6b Skills and personal qualities (1) 130
6b Skills and personal qualities (2) 132
6b Skills and personal qualities (3) 134
6b Skills and personal qualities Vocabulary Glossary 136
6a & 6b Grammar in Context 138

IDENTITY AND CULTURE 141
UNIT 3: CUSTOMS AND TRADITIONS
Module 7a Food and drink
Module 7b Festivals and celebrations

7a Food and drink (1) 142
7a Food and drink (2) 144
7a Food and drink (3) 146
7a Food and drink Vocabulary Glossary 148
7b Festivals and celebrations (1) 152
7b Festivals and celebrations (2) 154
7b Festivals and celebrations (3) 156
7b Festivals and celebrations Vocabulary Glossary 158
7a & 7b Grammar in Context 160

WALES AND THE WORLD – AREAS OF INTEREST 163
UNIT 3: GLOBAL SUSTAINABILITY
Module 8a Environment
Module 8b Social issues

8a Environment (1) 164
8a Environment (2) 166
8a Environment (3) 168
8a Environment Vocabulary Glossary 170
8b Social issues (1) 174
8b Social issues (2) 176

8b Social issues (3) 178
8b Social issues Vocabulary Glossary 180
8a & 8b Grammar in Context 182

CURRENT AND FUTURE STUDY AND EMPLOYMENT 185
UNIT 3: ENTERPRISE, EMPLOYABILITY AND FUTURE PLANS
Module 9a Post-16 study
Module 9b Career plans

9a Post-16 study (1) 186
9a Post-16 study (2) 188
9a Post-16 study (3) 190
9a Post-16 study Vocabulary Glossary 192
9b Career plans (1) 194
9b Career plans (2) 196
9b Career plans (3) 198
9b Career plans Vocabulary Glossary 200
9a & 9b Grammar in Context 202

GRAMMAR 205
VERB TABLES 232
REFERENCES 241
IMAGE CREDITS 242

INTRODUCING WJEC GCSE FRENCH

WJEC GCSE French is divided into three main themes. Each theme has sub-themes which are divided into modules.

This makes a total of eighteen modules to be studied during the course. The book is divided up in the same way.

IDENTITY AND CULTURE	WALES AND THE WORLD – AREAS OF INTEREST	CURRENT AND FUTURE STUDY AND EMPLOYMENT
YOUTH CULTURE • Self and relationships • Technology and social media **LIFESTYLE** • Health and fitness • Entertainment and leisure **CUSTOMS AND TRADITIONS** • Food and drink • Festivals and celebrations	**HOME AND LOCALITY** • Local areas of interest • Travel and transport **THE WIDER WORLD** • Local and regional features and characteristics of France and French-speaking countries • Holidays and tourism **GLOBAL SUSTAINABILITY** • Environment • Social issues	**CURRENT STUDY** • School/college life • School/college studies **ENTERPRISE, EMPLOYABILITY AND FUTURE PLANS** • Employment • Skills and personal qualities • Post-16 study • Career plans

The exam is divided up equally across the four skill areas: READING, LISTENING, SPEAKING and WRITING. Each exam is worth 25%.

In the READING exam you will have to:

- answer different style questions
- answer three questions in French
- answer two questions on literary texts
- translate into English

In the LISTENING exam you will have to:

- answer different style questions
- answer two questions in French

In the SPEAKING exam you will have to prepare the following:

- role play
- photo card
- conversation on two themes

In the WRITING exam you will have to:

- write in different styles about all three themes
- translate into French

INTRODUCING WJEC GCSE FRENCH | 7

THROUGHOUT THE BOOK YOU WILL SEE THE FOLLOWING ICONS:

READING

The textbook contains plenty of reading exercises on all the topics that might come up in the exam. Some have questions in English, some in French, some require non-verbal responses (like a letter or number) and others require a short written answer. There is also a literary text and a translation into English in every module. All of the questions are similar in style to ones that might come up in the exam.

LISTENING

There are lots of listening exercises on all of the topics with a mix of question styles which are similar to the ones in the exam.

SPEAKING

There are three tasks in the speaking exam. Every module contains a photo card with practice questions, a set of role-play prompts for you to prepare and a set of suggested conversation questions.

WRITING

Every module contains carefully structured tasks that are similar in demand to the writing exam. There is also a translation into French in every module.

EXTRA

Some exercises have an extra section to offer you additional language practice or some more challenging questions.

GRAMMAR

Grammar is a really important part of the GCSE exam. Grammar boxes outline all the grammar points that you need learn. There is also a 'grammar in context' section at the end of every sub-theme (two modules) with practice exercises, as well as a grammar glossary with verb tables at the back of the book.

Throughout the book we highlight key words, phrases or things you need to know or practise.

At the end of every module there is a list of useful vocabulary which is based on the WJEC GCSE specification.

THEME: IDENTITY AND CULTURE

UNIT 1

YOUTH CULTURE

1A SELF AND RELATIONSHIPS (1)

READING

Read the gossip column about the French celebrities Nolwenn Leroy and Arnaud Clément. Choose the five correct statements.

C'est LA rumeur de cette semaine : la réconciliation entre la chanteuse, Nolwenn Leroy et le joueur de tennis, Arnaud Clément.

D'après certains fans sur Twitter, les deux jeunes célèbres sortent ensemble. Ce soir ils mangent un dîner en tête-à-tête au restaurant aux Caraïbes, à la plage. Nolwenn porte une robe noire et Arnaud porte un complet noir. Le couple a l'air d'être content. Les rumeurs parlent d'une réconciliation !

Un ami de Nolwenn a présenté Nolwenn à Arnaud. C'est la deuxième fois ce mois qu'ils sortent ensemble.

1. The story is the rumour of the month.
2. The story is the rumour of the week.
3. Nolwenn and Arnaud are both singers.
4. Nolwenn is a singer.
5. Nolwenn and Arnaud are having dinner tonight.
6. Nolwenn and Arnaud are having dinner tomorrow.
7. The couple are embarrassed.
8. The couple are happy.
9. Nolwenn just wanted to be friends with Arnaud
10. Nolwenn's friend introduced her to Arnaud.

WRITING

Écris une phrase au sujet de:
- Ta famille
- Tes amis
- Toi – physiquement
- Toi – personnalité

EXTRA

Écris des phrases au sujet d'un problème ou d'une inquiétude d'un de tes amis.

GRAMMAR

Present tense

It is really important to keep revising the **present tense.** We use it to talk about something that is happening now or something that happens regularly.

In French, many verbs in the present tense follow the pattern 1, 2, 3 below:

	Verb type	Example	English
1.	-er	don**ner**	to give
2.	-ir	fin**ir**	to finish
3.	-re	vend**re**	to sell

Remember that each pattern 1, 2, 3 has different endings. Check out the patterns below for the **je** and **tu** form. Pages 232–240 have the full verb tables for you to check.

1. donner
- je donne – I give
- tu donnes – you give (singular)

2. finir
- je finis – I finish
- tu finis – you finish (singular)

3. vendre
- je vends – I sell
- tu vends – you sell (singular)

Translate the sentences into English:
1. Mon meilleur ami est amusant, sympa et compréhensif.
2. Ma sœur a beaucoup d'amies.
3. Je m'entends bien avec mes parents.
4. Quelles sont les qualités d'un bon ami ?

YOUTH CULTURE | 11

READING

Read the newspaper article and answer the questions in English.

Aidez-moi, j'aimerais changer

Ludovic, 14 ans, aimerait devenir quelqu'un d'autre.

Ludovic: Je ne trouve que du négatif dans ma personnalité (<u>je suis timide, ennuyeux...</u>) et j'aimerais changer. Je voudrais être quelqu'un d'autre, changer mon look <u>mais j'ai aussi peur</u> !

Réponse: Tu sais, cher Ludovic, <u>tu n'es pas le seul</u> dans ce cas, surtout à ton âge. La fin du collège, c'est une période durant laquelle on se pose plein de questions, et on n'est plus sûr de rien. Trouver son look, c'est difficile – d'une part tu veux suivre la masse et d'autre part tu veux te distinguer ! <u>L'important, c'est que tu portes des vêtements que tu aimes</u>, ça te donnera de l'assurance.

1. What does Ludovic want to do?
2. Name **two** of Ludovic's character traits.
3. At what time in their lives do young people tend to question themselves?
4. What **two** reasons are given by the newspaper to explain the difficulty Ludovic faces?
5. What is important?
6. Why is this important?

EXTRA

Translate the four underlined phrases into English.

SPEAKING

Photo card
- Décris cette photo/Qu'est-ce qui se passe sur cette photo ?
- Comment sont tes amis ?
- Quelles sont les qualités d'un bon ami ?
- Qu'est-ce que tu as fait avec tes amis le weekend dernier ?
- Les jeunes s'entendent mieux avec leurs amis qu'avec leurs parents. Qu'en penses-tu ?

GRAMMAR

Be careful! In French, there are many irregular present tense verbs. These can be seen on page 224. Some common irregular verbs are:

être – to be
- je suis – I am
- tu es – you are (singular)

avoir – to have
- j'ai – I have
- tu as – you have (singular)

faire – to make/do
- je fais – I do/make
- tu fais – you do/make (singular)

aller – to go
- je vais – I go
- tu vas – you go (singular)

LISTENING

Écoute l'interview avec Charlotte et Benjamin. Quels sont leurs problèmes ? Coche les bonnes cases.

	Métier	Famille	Amis
Charlotte			
Benjamin			

EXTRA

Can you find how they say the following?
1. Because I have problems
2. Everything stresses me

1A SELF AND RELATIONSHIPS (2)

Lis les messages personnels sur un site Internet pour correspondants.

Luc : J'ai quinze ans. Je suis artiste, calme mais un peu paresseux !

Sylvie : J'ai seize ans et je suis sportive. J'adore être dehors. Ma passion c'est l'équitation.

Arnaud : J'ai quatorze ans. Je passe tout mon temps sur le Xbox Live en jouant Fifa !

Eric : Je viens de fêter mon seizième anniversaire. J'adore sortir avec mes copains. Les films sont ma vie !

Écris le bon nom.

1. Qui aime le cinéma ?
2. Qui adore les chevaux ?
3. Qui n'est pas travailleur ?
4. Qui est en forme ?
5. Qui aime dessiner ?
6. Qui est le plus jeune ?

Read the text below from the rapper/singer Diam's autobiography by Mélanie Georgides and answer the questions in English.

Je suis née le vingt-cinq juillet 1980 à Chypre, dans la ville de Nicosie. Je ne suis pas née en France parce que ma mère s'est mariée avec un homme qui vient de Chypre. Mon père était très fier le jour de ma naissance.

    Le choix de mon prénom a créé une grande dispute entre mes parents. Ma mère voulait m'appeler Mélanie, en référence à une chanteuse qu'elle admirait dans les années soixante-dix. Alors que mon père a choisi le nom de sa mère – Avgusta.

1. What date was she born?
2. Why wasn't she born in France?
3. How did her father feel when she was born?
4. What did her parents argue about?
5. Who was Mélanie?
6. Why did her father want to call her Avgusta?

YOUTH CULTURE | 13

LISTENING

Listen to Clara talking about her family. Make notes about the looks and personalities of the following people in English.
- Clara
- Yves
- Maude
- Guillaume

SPEAKING

Role play
- Describe your favourite celebrity
- Say how you get on with your friends
- Say what you did with your friends yesterday
- Ask your friend if they have brothers or sisters
- Ask your friend a question about fashion
- Say what you will wear to a party at the weekend

GRAMMAR

Adjectives

There are three important points about adjectives in French:

1. Check the ending of the adjective.
   Is it singular (e.g. le garçon **intelligent**) or plural (e.g. les garçons **intelligents**)?
2. Check the adjective is in the right place.
   Most adjectives go after the noun in French (be careful – there are some exceptions!).
3. Check the spelling of the adjective.
   Is the noun masculine (e.g. le garçon **intelligent**) or feminine (e.g. la fille **intelligente**)?

Check pages 210–212 for more information on adjectives.

Remember:
- An adjective is normally made feminine by adding an 'e'.
- If an adjective already ends in an 'e' it stays the same.
- Be careful – there are many irregular feminine forms! Check page 210.

GRAMMAR

Asking questions

There are three basic ways to ask a question in French:

1. Raise your voice at the end of the statement so it becomes a question.
   e.g. Tu vas au restaurant ce soir ?
2. Put *Est-ce que* in front of the sentence.
   e.g. Est-ce que tu vas au restaurant ce soir ?
3. Change the subject and verb order.
   e.g. Vas-tu au restaurant ce soir ?

See the table below for some of the most frequently used question words.

French	English
Qui ?	Who?
Comment ?	How?
Où ?	Where?
Quel(le)(s) ?	Which?
Pourquoi ?	Why?
Quand ?	When?
Combien ?	How many?

WRITING

Réponds aux questions. Écris au moins une phrase pour chaque question.
- Décris ton ami(e) idéal(e).
- Qu'est-ce que tu aimes faire avec tes amis ?
- Qu'est-ce que tu vas faire avec ta famille ce weekend ?
- Décris et donne tes opinions sur une famille célèbre.

1A SELF AND RELATIONSHIPS (3)

READING

Lis ce que disent Victoria et Richard sur la mode. Complète les phrases avec les mots corrects.

Moi, j'adore suivre les styles dans les (1) _____. Je prends l'exemple de tous les mannequins. Ma (2) _____ c'est visiter les boutiques en (3) _____ au 'dernier' quartier. Je m'inspire des (4) _____. Pour un bon look, il faut absolument porter de (5) _____ lunettes de soleil !

VICTORIA

Le (6) _____ look ne m'attire pas ! Tout ce dont j'ai besoin ce (7) _____, les jeans, le tee-shirt et les baskets. Je ne me sacrifie pas à la mode. Je (8) _____ faire attention au budget et pour moi c'est le confort avant tout.

RICHARD

actrice	grandes	
actrices	magasins	
dernier	magazines	sont
dois	passion	village
est	petit	ville
faut	premier	doit

EXTRA

Find the French for the phrases below:
1. All I need are
2. I must be careful
3. I love to follow
4. You must
5. I get my inspiration from

SPEAKING

Conversation
- Décris un de tes amis.
- Aimes-tu la mode ?
- Quel look préfères-tu ?
- Qui est ta personne célèbre préférée ? Pourquoi ?
- Qu'est-ce que tu vas porter ce weekend ?
- À ton avis, est-ce que les personnes célèbres influencent les jeunes ?

READING

Read the magazine article about the French model Isabelle Caro. Then read the statements below and decide if they are true or false.

Isabelle Caro est en passe de devenir une vraie star. A l'occasion de sa première interview, donnée à Love Magazine, la jolie fillette a raconté sa vie de célébrité et n'a pas oublié de remercier le grand ami de sa maman, Karl Lagerfeld.

Isabelle ressemble à sa mère à son âge. Elle est depuis mars dernier le mannequin d'une campagne de lunettes de soleil, signée Dior. Derrière ce joli contrat, un célèbre bienfaiteur : Karl Lagerfeld, que lui a présenté sa maman.

Isabelle Caro est une jeune fille qu'il connaît maintenant depuis 8 ans, « la moitié de sa vie », dit-elle. « Il y a des photos de moi bébé portant les chaussures à talons de ma mère ».

1. This is her first interview.
2. Karl Lagerfeld is her father's friend.
3. Isabelle looks like her mum when she was young.
4. Isabelle has been a model since last June.
5. Isabelle advertises suncream.
6. Karl has known Isabelle all her life.

YOUTH CULTURE | **15**

LISTENING

Listen to the interview on Radio France with Bafétimbi Gomis, a French footballer, and answer the questions in English.
1. When exactly was he born?
2. In what area of Toulon did he grow up?
3. What did he do at the age of 15?
4. Why is he so happy at the moment?
5. What does he want to thank people for?

WRITING

Translate the sentences into French:
1. Karl is her mother's friend.
2. Isabelle has been a model since last July.
3. Isabelle models sun glasses.
4. Karl has known her half her life.

GRAMMAR

Possessive adjectives
Remember that possessive adjectives must agree with the nouns that follow them e.g. **mon** oncle, **ta** sœur.

There is no difference between masculine and feminine in the plural e.g. **mes** oncles, **mes** sœurs.

	Masculine	Feminine	Plural
my	mon	ma	mes
your	ton	ta	tes
his/her	son	sa	ses
our	notre	notre	nos
your	votre	votre	vos
their	leur	leur	leurs

1A SELF AND RELATIONSHIPS VOCABULARY GLOSSARY

aîné	oldest
l'amour	love
un beau-enfant	stepchild
un beau-fils	son-in-law/stepson
un beau-frère	brother-in-law
un beau-père	stepdad/father-in-law
un bébé	baby
une belle-fille	daughter-in-law/stepdaughter
une belle-mère	stepmum/mother-in-law
une belle-sœur	sister-in-law
cadet	youngest
la camaraderie	friendship
connu	known
un cousin	cousin (male)
une cousine	cousin (female)
la date de naissance	date of birth
un demi-frère	half-brother, stepbrother
une demi-sœur	half-sister, stepsister
divorcé	divorced
un enfant	child
une famille	family
une femme	wife/woman
une fille	daughter
une fille unique	only child (girl)
un fils	son
un fils unique	only child (boy)
un frère	brother
un garçon	boy
une grand-mère	grandmother
un grand-père	grandfather
un homme	man
les jumeaux	twins
le lieu de naissance	place of birth

madame	Mrs
mademoiselle	Miss
un mari	husband
marié	married
une mère	mother
monsieur	Mr
né	born
un neveu	nephew
une nièce	niece
un oncle	uncle
un père	father
proche	close
le rapport	relationship
séparé	separated
une sœur	sister
une tante	aunty

accueillir	to welcome
adorer	to love
aider	to help
aimer	to like
avoir la permission de	to be allowed to
avoir raison	to be right
avoir tort	to be wrong
comprendre	to understand
détester	to hate
discuter	to discuss
être amis	to be friends
faire la connaissance	to get to know
interdire	to forbid
pas juste	unfair
permettre	to allow
saluer	to greet
s'entendre	to get on with
se marier	to marry
vouloir	to want to

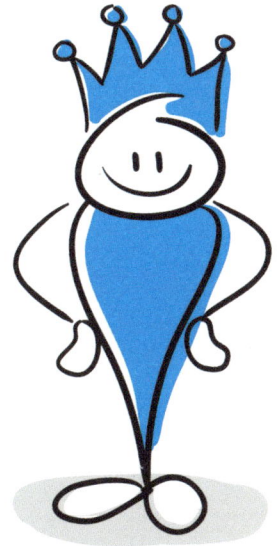

à carreaux	checked
à la mode	fashionable
aller bien	to fit
une bague	a ring
des baskets	trainers
un blouson	a jacket
bon marché	cheap
des bottes	boots
des boucles d'oreille	earrings
une boutique	a fashion shop
une casquette	a cap
une ceinture	a belt
un chapeau	a hat
des chaussettes	socks
des chaussures	shoes
une chemise	a shirt
cher	expensive
un collant	tights
un collier	a necklace
un complet	a suit
une cravate	a tie
une écharpe	a scarf
essayer	to try on
des gants	gloves
grand	big
une jupe	a skirt
un imperméable	a raincoat
un maillot de bain	a swimsuit
un manteau	a coat
le maquillage	make-up
la mode	fashion
une montre	a watch
un pantalon	trousers
payer	to pay
petit	small
porter	to wear
un pull	a jumper
rayé	striped
une robe	a dress

le rouge à lèvres	lipstick
un sac	a bag
un sac à main	a handbag
une salle d'essayage	a changing room
serré	tight/narrow
taille	size
une veste	a jacket
des vêtements	clothes

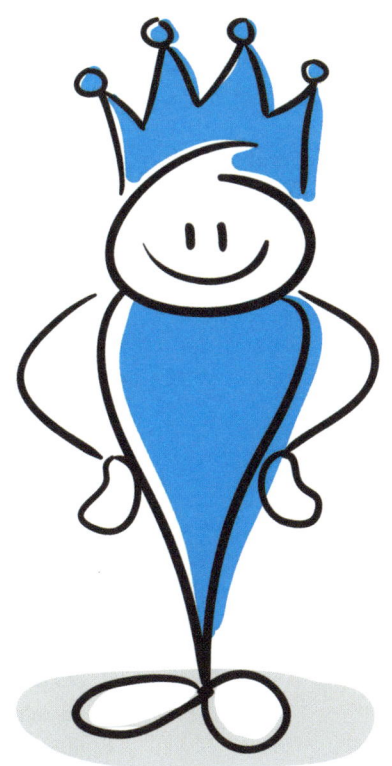

1B TECHNOLOGY AND SOCIAL MEDIA (1)

READING

Read the article 'Mini-dico des réseaux sociaux'. Then choose the correct answer – there may be more than one answer per question.

Facebook
Ses plus : C'est le réseau que les enfants adorent. Sur Facebook, ils peuvent cultiver leur cercle d'amis, partager des photos et vidéos.
Ses moins : C'est très addictif. C'est une entreprise commerciale qui garde des infos sur les utilisateurs. Rien n'est gardé secret…

Snapchat
Ses plus : Les jeunes sont accros à cette application permettant d'envoyer une photo ou une vidéo.
Ses moins : Il y a un risque de cyberintimidation.

WhatsApp
Ses plus : C'est une messagerie gratuite pour échanger des textes, images ou vidéos. C'est un app pour chatter.
Ses moins : Quelquefois il y a de la cyberintimidation.

According to the text which social network site(s) …

1. is used by young people?
    a. Facebook
    b. Snapchat
    c. WhatsApp
2. provides some free services?
    a. Facebook
    b. Snapchat
    c. WhatsApp
3. can have cyberbullying?
    a. Facebook
    b. Snapchat
    c. WhatsApp
4. cannot ensure privacy?
    a. Facebook
    b. Snapchat
    c. WhatsApp
5. is a business?
    a. Facebook
    b. Snapchat
    c. WhatsApp

READING

Read the article 'Le Mobile et l'ado'. Answer the questions in English.

<u>Un portable permet aux jeunes de se connecter avec leurs amis</u> et favorise l'autonomie. <u>C'est pourquoi</u> le portable est devenu l'un des objets indispensables de l'adolescence !

<u>Les jeunes font des échanges</u> avec leurs amis par SMS, MMS et sur <u>les réseaux sociaux</u>. Les portables servent aussi pour la conversation avec <u>leurs meilleurs amis</u>. Il est essentiel pour les jeunes de <u>construire des liens sociaux</u>. Les adolescents envoient en moyenne quatre-vingts SMS par jour. Soixante-huit pourcent des enfants envoient des SMS <u>plusieurs fois par jour.</u>

1. According to the article, what are the advantages of having a mobile phone?
2. What do young people use their mobile phones for?
3. How many SMS does a young person send each day?
4. What percentage of young people send SMS each day?

EXTRA

Translate the phrases underlined in the text into English.

READING

Translate the sentences into English:
1. La technologie est très importante dans ma vie.
2. Ma mère n'utilise pas de réseaux sociaux.
3. Les jeunes passent trop de temps sur les portables.
4. Je voudrais un nouvel ordinateur.

 **GRAMMAR**

Prepositions

In French there is often more than one way of translating a preposition.

For example, **in** could be translated into French as dans, en or à.

Here are three of the most common prepositions. See page 218 for more prepositions.

1. Before
   avant (before + time) – e.g. avant le dîner
   déjà (already) – e.g. Je l'ai déjà vu
   devant (in front of) – e.g. devant l'ordinateur
2. In
   à – e.g. à Lyon, à la mode
   dans – e.g. dans un magasin
   en – e.g. en France
3. On
   à – e.g. à gauche
   en – e.g. en vacances
   sur – e.g. sur les réseaux sociaux

 **EXTRA**

Translate the underlined examples into English.

 **LISTENING**

Écoute Pierre qui parle des podcasts. Réponds aux questions en français.
1. Quel était le thème de son premier podcast ? Écris **deux** détails.
2. Qu'est-ce que Pierre va enregistrer pour son nouveau podcast ?
3. Qu'est-ce que sa maman dit ? Écris **deux** détails.
4. Quels sont les avantages de l'informatique ? Écris **deux** détails.

 **WRITING**

Écris une annonce publicitaire pour un nouveau portable, un ordinateur ou une tablette. Il faut inclure:
- Le type de produit
- Une description du produit
- Où on peut acheter le produit
- Des opinions du produit par des clients

 **SPEAKING**

Photo card
- Décris la photo/ Qu'est-ce qui se passe sur cette photo ?
- Est-ce que la technologie est importante pour toi ?
- La cyberintimidation est un grand problème. Qu'en penses-tu ?
- Penses-tu que les jeunes passent trop de temps sur les portables ?
- Quel serait ton portable idéal et pourquoi ?

1B TECHNOLOGY AND SOCIAL MEDIA (2)

 READING

Read this extract from a quiz from the book *Manuel de survie pour les filles d'aujourd'hui* by Charlotte Grossetête and answer the questions in English.

Votre ordinateur refuse de s'allumer depuis trois jours.

1. Il faut sans doute le reformater. Vous prenez des conseils à droite et à gauche et vous vous lancez !
2. De colère, vous le tapez. Avec un peu de chance, ça va le réveiller !
3. Vous ne cherchez même pas à comprendre et l'emmenez chez un réparateur.

1. What is the problem?
2. For how long has there been a problem?
3. What solution is given in point one? Give **two** details.
4. How does the person in point two feel?
5. What solution is given by the person in point two?
6. What solution is given by the person in point three?

 READING

Lis l'article sur Lily Rose Depp. Complète les phrases.

Une enfance qui n'est pas très (1) _____ à vivre tous les (2) _____, confesse la blonde. Ainsi, la starlette raconte être terrifiée à l'(3) _____ d'être piratée sur les réseaux sociaux.

Elle (4) _____ dit : « J'ai commencé à utiliser les médias sociaux (5) _____ j'avais 12 ans – pas publiquement. J'avais des comptes privés. Cependant, il y avait des (6) _____ qui se sont fait passés pour moi et mon (7) _____. C'est tellement (8) _____. C'est super bizarre ».

a	facile	ordinateurs
ambition	frère	quand
ans	gens	quel
encouragent	idée	sœur
ennuyeux	important	
est	jours	

YOUTH CULTURE | 23

LISTENING

Listen to this report about Marie Lopez, a blogger. Answer the questions in English.
1. What has she written?
2. When did she begin using YouTube?
3. What type of tutorials does she give on YouTube?
4. What are her videos about?
5. How many people follow her?
6. Where is she from?
7. How old is she?
8. How much does she earn?

WRITING

Écris un article pour le site web de ton collège sur les réseaux sociaux.
Il faut inclure:

- Tes opinions sur les réseaux sociaux
- Tes réseaux sociaux préférés, en disant pourquoi
- La technologie que tu utilises le plus

EXTRA

Écris un paragraphe au sujet des avantages et des inconvénients des réseaux sociaux.

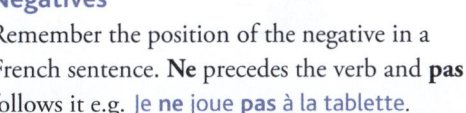
GRAMMAR

Negatives

Remember the position of the negative in a French sentence. **Ne** precedes the verb and **pas** follows it e.g. Je **ne** joue **pas** à la tablette.

Here are some of the common negatives you will use. Page 223 has more information on negatives.

French	English
ne... pas	not
ne... jamais	never
ne... plus	no longer
ne... que	only
ne... rien	nothing

SPEAKING

Role play
- Say what your favourite website is and why
- Ask your friend what they think about social media
- Say how important a mobile is for you
- Say what you used your mobile for yesterday
- Ask your friend a question about their phone
- Say you will send your friend an e-mail later

1B TECHNOLOGY AND SOCIAL MEDIA (3)

READING

Lis les commentaires sur les nouveaux jeux vidéo. Écris le numéro correct.

1. L'enfant construit avec des briques intelligentes via des lignes de code.
2. Lire c'est l'objectif de ce programme web.
3. C'est un jeu éducatif.
4. La famille Toutdoux a besoin d'aide pour explorer la planète.
5. Le robot est perdu et l'enfant doit l'aider.

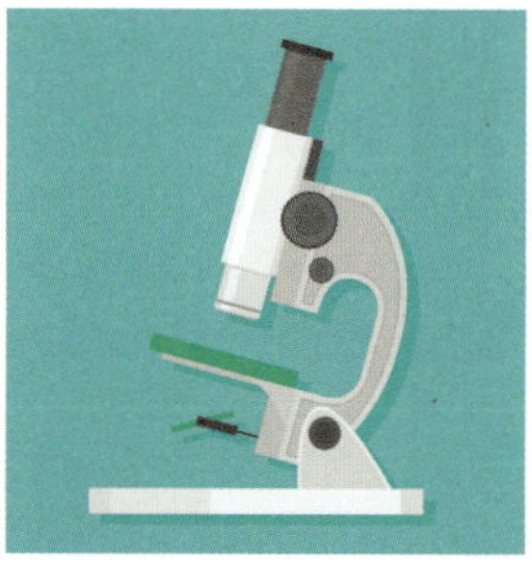

a	b
c	d
e	f
g	h

YOUTH CULTURE | 25

SPEAKING

Conversation
- Est-ce que tu aimes les réseaux sociaux ?
- Penses-tu qu'il est important d'avoir un portable ? Pourquoi (pas) ?
- Quelle(s) technologie(s) as-tu utilisée(s) le weekend ?
- Quelle(s) technologie(s) utiliseras-tu le weekend ?
- Quels sont les aspects négatifs d'un portable ?
- Est-ce que la technologie est importante pour les jeunes ?

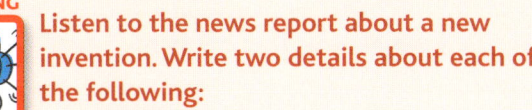
LISTENING

Listen to the news report about a new invention. Write two details about each of the following:
- Product
- Features
- Safety features
- Limitations

WRITING

Translate the following sentences into French:
1. Young people are always on their mobile phones.
2. My mother has an old computer.
3. My phone isn't working any more.
4. Technology will be different in the future.
5. I would like to buy a new tablet.

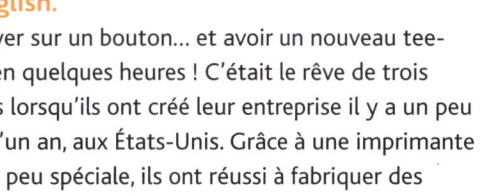
READING

Read the newspaper article 'Invention: fabriquer ses vêtements avec... Une imprimante 3D !' Answer the questions in English.

Appuyer sur un bouton... et avoir un nouveau tee-shirt en quelques heures ! C'était le rêve de trois jeunes lorsqu'ils ont créé leur entreprise il y a un peu plus d'un an, aux États-Unis. Grâce à une imprimante 3D un peu spéciale, ils ont réussi à fabriquer des vêtements ! Ils veulent à présent produire plusieurs machines et les vendre.

Pour l'instant, l'imprimante permet de fabriquer aussi des jupes et des robes. Le produit existe en bleu, en blanc et en rose.

1. What does this new invention make? Give **three** details.
2. What type of 3D machine is used?
3. How many inventors are there?
4. How long has the company been operating?
5. Where is the company based?
6. What do the inventors plan to do with their machines?
7. What colours are available for the product? Give **three** details.

GRAMMAR

Future tense
There are two ways of forming the future tense in French. You can either use:

1. The present tense of **aller + infinitive**.
   e.g. Je **vais acheter** un nouveau portable.
2. Or add future endings to the infinitive.
   e.g. J'**achèterai** un nouveau portable.

The second form follows this pattern of endings:
-ai, -as, -a, -ons, -ez, -ont.

1B TECHNOLOGY AND SOCIAL MEDIA VOCABULARY GLOSSARY

un appareil-photo numérique	a digital camera
un clavier	a keyboard
le courrier électronique	e-mail
les écouteurs	headphones
un écran	a screen
une fenêtre	a window
une fichier	a file
la flèche	arrow key
la flèche de souris	mouse pointer
une imprimante	a printer
l'informatique	ICT
un jeu vidéo	a video game
la messagerie	text messaging
un mot de passe	a password
un moteur de recherche	a search engine
un ordinateur	a computer
les paramètres	settings
la police	font
un portable	a mobile
un réseau informatique	a computer network
une souris	a mouse
une tablette	a tablet
un tapis de souris	a mouse mat
une touche	a key
la touche SHIFT	SHIFT key
le traitement de texte	word processing

agrandir	to enlarge
allumer	to switch on
annuler	to cancel
appliquer	to apply
attacher	to attach
bouger	to move
chatter	to chat
créer	to create
effacer	to delete
enlever	to remove
envoyer	to send
éteindre	to switch off
feuilleter	to browse
frapper	to hit
graver un CD	to burn a CD
imprimer	to print out
personnaliser	to customise
pousser	to press
recevoir	to receive
réduire	to reduce
remettre	to restore
renommer	to rename
sauver	to save
sélectionner	to select
supprimer	to cancel
surfer l'internet	to surf the net
tirer	to drag
télécharger	to download
texter	to text
utiliser	to use

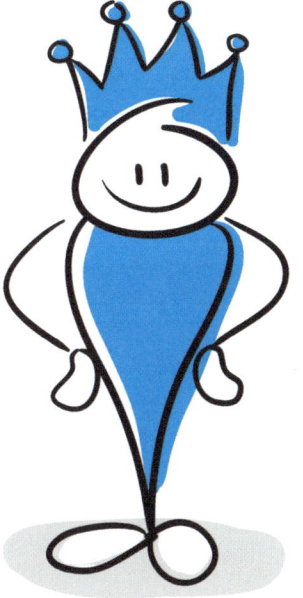

1A SELF AND RELATIONSHIPS

1B TECHNOLOGY AND SOCIAL MEDIA

GRAMMAR IN CONTEXT

1. PRESENT TENSE

Complete these sentences with the correct form of the present tense. What do the sentences mean?

1. Je _____ (**chanter**) au concert avec mes amis.
2. Tu _____ (**finir**) tes devoirs.
3. Tu _____ (**choisir**) tes propres vêtements.
4. J' _____ (**avoir**) un bon style !

> To form the present tense, see the tables on page 224.

2. WORD ORDER

Put these sentences into the correct order. Be careful – the punctuation marks are missing!

1. belles chanteuses les très sont
2. vieux j'ai portable un
3. mes je sympas avec m'entends sont bien parents ils
4. est Annie heureuse vraiment

> Remember, adjectives need to agree with the noun. Most adjectives come after the noun, but there are some exceptions. See page 211 for details.

3. ASKING QUESTIONS

Translate these questions into English.

1. Est-ce que tu vas au concert ?
2. Qu'est-ce que tu fais ce soir ?
3. À quelle heure vas-tu au cinéma ?

How many questions can you ask to get the information given in this sentence?

Je vais au concert à vingt heures en voiture.

> Remember there are three ways to ask questions in French. See page 223 for details.

4. POSSESSIVE ADJECTIVES

Choose the correct word to complete the sentence.

1. **Mon/Ma/Mes** tante habite en France.
2. **Ton/Ta/Tes** portable est super.
3. Je m'entends bien avec **ma/mon/mes** père.
4. **Ma/Mon/Mes** parents aiment aller au cinéma.
5. **Nos/Notre/Mon** amis sont très importants.
6. Combien de temps passes-tu sur **tes/ta/ton** ordinateur ?

> Remember that possessive adjectives must agree with the nouns that follow them e.g. *mon* oncle, *ta* soeur. There is no difference between masculine and feminine in the plural e.g. *mes* oncles, *mes* soeurs. See page 212 for more information.

5. FUTURE TENSE

Match up the sentence halves.

1. J'achèterai
2. Je visiterai
3. Je sortirai
4. J'écrirai

a. mes amis.
b. avec mes amis.
c. un nouveau portable.
d. un blog.

> The future tense is formed by adding the correct ending to the infinitive. See page 227 for more information.

6. IMMEDIATE FUTURE

Choose the correct word to complete the sentence.

1. Je vais _____ un ordinateur.
2. Il va _____ sa famille.
3. Nous allons _____ dans un restaurant.
4. Elle va _____ un blog.
5. Je vais _____ un e-mail.

voir   acheter   envoyer
lire   manger

> The immediate future tense is formed by using the correct form of **aller** + the infinitive.

THEME: WALES AND THE WORLD — AREAS OF INTEREST

UNIT 1

HOME AND LOCALITY

2A LOCAL AREAS OF INTEREST (1)

READING

Lis les informations au sujet des attractions touristiques.

A

Centre de Loisirs

Café et bar

Quatre terrains de tennis

Terrain de football

Piscine couverte

Gymnase

Heures d'ouverture : 07h00–21h00 tous les jours

B

Château

14 pièces à visiter

Salon de thé

Magasin de souvenirs

Fermé le lundi et jeudi

Visites guidées de 10h00–16h00

C

Parc à thème

Quatre restaurants, deux cafés

Cinéma 3D

Parc aquatique et piscine dehors

Spectacles

Château pour enfants

Heures d'ouverture : 10h00–18h00 tous les jours sauf le lundi

D

Jardins Publics

Salon de thé

Parc pour enfants

Chien admis

Visite gratuite

Heures d'ouverture : 09h00–16h00 tous les jours sauf le mardi

Écris la lettre. Choisis l'attraction **où on** peut…

1. acheter des cadeaux
2. visiter chaque jour
3. nager et faire de la musculation
4. visiter sans payer
5. nager en plein air
6. visiter cinq jours de la semaine

Conversation

- Comment est ta ville/ton village ?
- Qu'est-ce qu'on peut faire dans ta ville/ton village ?
- Où voudrais-tu habiter ? Pourquoi ?
- Qu'est-ce que tu as fait dans ta ville/ton village le weekend dernier ?
- Qu'est-ce que tu feras dans ta ville/ton village le weekend prochain ?
- Qu'est-ce qui manque dans ta ville/ton village ?

SPEAKING

HOME AND LOCALITY | 33

READING

Read a report from Claude on TripAdvisor about a recent excursion. Answer the questions in English.

Ma première visite était incroyable ! Il y avait plein de choses à voir et à visiter. La cathédrale se trouve au centre-ville et est juste à côté des anciens bains romains. J'ai eu l'occasion de goûter l'eau parce qu'on disait qu'elle est bonne pour la santé. À mon avis, l'eau était dégoûtante !

Il y avait beaucoup de magasins, des petits et des grands. Le meilleur c'était la boulangerie où j'ai mangé des gâteaux aux raisins chaque matin ! J'ai fait un tour en bateau sur la rivière et j'ai mangé un pique-nique au parc. Le soir on peut aller au cinéma ou au théâtre. Je recommanderais une visite au printemps comme moi, parce qu'il ne fait pas trop chaud et il n'y a pas trop de touristes comme en été.

1. What does Claude think of the town?
2. What did he drink and why?
3. What did he think of the drink?
4. What did he like best?
5. What did he do every morning?
6. When does he recommend people visit? Why?

EXTRA

There are examples of the **imperfect tense** in this text. Can you find them? What do they mean?

- C'est – It is
- C'était – It was
- Il y a – There is/there are
- Il n'y a pas de… – There isn't/there aren't
- Il y avait – There was/there were
- Il n'y avait pas de – There wasn't/there weren't

LISTENING

Listen to Gaëlle talking about where she lives now and where she used to live. Write notes about both towns under the following headings:
- Details about the region
- Things to do and see
- Her preferences and reasons why (just **one** town)
- What the area was like in the past
- What the area is like today

WRITING

Écris une phrase au sujet de…
- Ta région
- Ta ville/ton village
- Des activités dans ta région
- Que penses-tu de ta région ?

EXTRA

Les avantages et les inconvénients de ta région

GRAMMAR

You can use **Je voudrais + infinitive** to say what you **would like** to do e.g. Je voudrais habiter à l'étranger.

GRAMMAR

Imperfect tense

The imperfect tense refers to the past e.g. I was/used to. The endings are:

- -ais
- -ais
- -ait
- -ions
- -iez
- -aient

Use the above endings with the stem of **nous** from the present tense:

Present 'nous' form	Imperfect 'je' form	English
nous donn**ons**	je donn**ais**	I was giving
nous finiss**ons**	je finiss**ais**	I was finishing
nous vend**ons**	je vend**ais**	I was selling

Note: this is the same for all verbs except être.

2A LOCAL AREAS OF INTEREST (2)

Reading

Read the following extract from the *Guide Évasion en France – Bretagne Nord.*
In English, write what there is to do and see in each town.

Brest : On peut visiter le jardin des Explorateurs qui est vraiment charmant. Au nord, il y a les ruines de l'abbaye et il y a bien sûr le port à visiter.

Saint-Brieuc : Autour de Saint-Brieuc il y a la baie. Pour le sport et la plage visitez les Sables-d'Or-les-Pins.

Le Trégor : Il faut visiter la cathédrale et les églises. On peut aussi visiter le château de la Roche-Jagu ou le jardin de Kerdalo.

Reading

Read the TripAdvisor reports.

Avis 1 : Avis écrit le 17 juin
« Bel endroit, mais le parc d'attraction est démodé ».

Avis 2 : Écrit le 1 février par mobile
« Le paysage est merveilleux, particulièrement en hiver parce qu'il n'y a pas trop de visiteurs et c'est calme. Au lieu de prendre le téléphérique, faites la descente par les escaliers. C'est moins cher et bon pour la santé et l'esprit ».

Avis 3 : Ecrit le 29 août
« C'est magnifique. Le parking est payant à : £4.50 pour toute la journée ».

Avis 4 : Visité en juillet
« La plage est belle. Prenez le télésiège pour y descendre. C'est un peu cher à £6 ».

Write the following information for each review.

- Date of review
- Opinion
- Other details

Speaking

Role play
- Ask for directions to a local attraction
- Ask a question about the opening times of the attraction
- Give **two** details about your local area
- Describe a recent visit to a local attraction
- Recommend a place for a tourist to visit in your local area
- Say where you will go in your local area this weekend

Writing

Écris un dépliant pour les touristes français sur une attraction dans ta région.
Inclus :

- Informations pratiques : les jours/heures d'ouverture, les tarifs, les directions
- Description de l'attraction
- Pourquoi il faut la visiter

Grammar

The imperative (commands)
In French you can make commands by using the **tu**, **nous** and **vous** form of the present tense.

Remember to omit the pronoun (i.e. tu, nous, vous) e.g.

- Visite ! – Visit! (singular)
- Visitons ! – Let us visit!
- Visitez ! – Visit! (plural)

NOTE: for verbs ending in **-er** you will need to leave out the **'s'** for the **tu** form e.g. **Tu vas** → **Va !** (Go!)

LISTENING

Écoute Marie-Christine qui parle de sa région. Choisis la lettre correcte.

1. Le village est situé…

a.

b.

c.

2. Elle sort avec…

a.

b.

c.

3. Elle fait…

a.

b.

c.

4. La maison se trouve à… km.
   a. 15 km
   b. 20 km
   c. 5 km

5. Elle mange dans…

a.

b.

c.

READING

Translate the sentences into English.
1. Le parc d'attraction est super, mais cher.
2. Je voudrais visiter le stade.
3. J'aime ma ville, mais il y a trop de touristes.
4. Le village est situé au bord de la mer.

2A LOCAL AREAS OF INTEREST (3)

READING

Read what the young people say about their region.

Louise : Il n'y a pas grand-chose à faire dans ma région. Il y a des magasins et un parc c'est tout. J'aimerais avoir une piscine ou un terrain de tennis.

Nicole : Ma ville est très sale. Il y a trop de pollution à cause des voitures et des industries. Je voudrais habiter au bord de la mer.

André : Mon village est tranquille. Il n'y a pas de grands magasins et j'aime ça.

Simon : J'habite une des plus grandes villes de France. Il y a des bienfaits comme les parcs d'attraction et les stades de sport. Cependant, on a des inconvénients par exemple le vendredi et samedi soir il y a des agressions au centre ville et il y a trop de criminalité.

Who says …?

1. their town is dirty.
2. there are advantages and disadvantages in their town.
3. their area is quiet.
4. they would like to live by the sea.
5. they would like to have more sporting facilities.
6. they are worried about violence in their town.

EXTRA

Translate the underlined sentences into English.

WRITING

Translate the following paragraph into French:

I like living in my town because there are lots of shops and restaurants. There used to be a cinema but now there is a shopping centre. I would like to live in France because I like French food.

LISTENING

Listen to the news item about the satisfaction of people living in Marseille. Match up the percentages and numbers below to the statements.

1. Total number of towns surveyed.
2. The number of Marseille residents who are happy.
3. How many years ago did the last survey take place?
4. How many of the Marseille residents were happy in the last survey?
5. By how much have the results increased?
6. How many of the Marseille residents feel secure in the town?

3   5%   16%   75%   80%   80

Venir de

GRAMMAR

In French, you can use **venir de** to say you have just done something. You just use the present tense e.g. Je viens d'arriver (I have just arrived). Or you can use the imperfect tense e.g. Je venais de partir (I had just left).

HOME AND LOCALITY | 37

READING

Lis cette lettre et réponds aux questions en français.

Jean Le Gurun,   M. Gavarin
13a rue de la fontaine,   14a rue de la fontaine
Lille.   Lille

                                                 Le 12 mai

Monsieur,

    Nous habitons dans le même immeuble et notre appartement est en face de chez vous.

    Il y a une semaine, je vous ai parlé des problèmes du bruit le weekend. Comme aucune amélioration n'est pas été faite ce weekend, je vous écris avant de porter plainte à la Mairie.

    Nous savons qu'il y a des fêtes de temps en temps, mais chaque weekend aux petites heures du matin la musique qui vient de votre appartement nous empêche de dormir. Le bruit venant de votre appartement nous fatigue et est insupportable !

    Je vous demande de nouveau de respecter nos besoins de calme.

    En attendant de vous lire, je vous prie d'agréer monsieur l'expression de mes sentiments distingués.

    J. Le Gurun

1. Jean Le Gurun habite quel type d'hébergement ?
2. Où est son voisin ?
3. Quand est-ce qu'il y a des problèmes ?
4. Quels sont les problèmes ?
5. Si les problèmes continuent, que fera Jean ?
6. Quel est l'inconvénient pour Jean ?

Formal letters

Here are four points to remember when writing a formal letter.

1. Put your name and address on the top left and the name and address you are writing to on the top right, followed by the date underneath.
2. You start a formal letter with just 'Monsieur/Madame'.
3. Use 'vous' throughout the letter.
4. Use a formal ending.

Photo card

SPEAKING

- Décris la photo/Qu'est-ce qui se passe dans la photo ?
- Préfères-tu vivre dans une ville ou dans un village ? Pourquoi ?
- Je pense qu'habiter dans une grande ville est mieux qu'habiter dans un village rural. Qu'en penses-tu ?
- Comment était ta région dans le passé ?
- Comment sera ta région à l'avenir ?

Conditional tense

GRAMMAR

Use the conditional tense when you want to say 'would/could/should'.

    To form this tense, use the stem of the future tense and the endings of the imperfect tense.

- je finirais – I would finish
- tu finirais – you would finish (singular)
- il/elle finirait – he/she would finish
- nous finirions – we would finish
- vous finiriez – you would finish (formal/plural)
- ils/elles finiraient – they would finish

For further information on the conditional tense see page 227.

2A LOCAL AREAS OF INTEREST VOCABULARY GLOSSARY

les alentours	edge of town
une annonce	an advert
un arrêt de bus	a bus stop
une auberge de jeunesse	a youth hostel
la banlieue	the suburbs
une banque	a bank
un bâtiment	a building
une bibliothèque	a library
une boîte aux lettres	a postbox
une boucherie	a butcher's
une boulangerie	a bakery
la caisse	till
un camping	a campsite
un centre commercial	a shopping centre
un centre de loisirs	a leisure centre
un centre de vacances	a holiday resort
un centre sportif	a sports centre
le centre-ville	town centre
une chambre d'hôte	bed and breakfast
un charcuterie	a delicatessen
un chariot	a shopping trolley
un château	a castle
un coiffeur	a hairdresser's
un commissariat de police	a police station
une église	a church
l'étage	floor/storey
une gare SNCF	a railway station
une gare routière	a bus station
une gendarmerie	a police station
les gens	people
l'habitant	inhabitant
l'hôtel de ville	a town hall

HOME AND LOCALITY | 39

un immeuble	a block of flats/high-rise building
un jardin public	a park
un librairie	a bookshop
un magasin	a shop
la mairie	a town hall
un marché	a market
une montagne russe	a roller coaster
un musée	a museum
une papeterie	a stationer's
un parking	a car park
une patinoire	ice rink
une pâtisserie	a cake shop
une pharmacie	a chemist's
une piscine	a swimming pool
la place du marché	market place
la Poste	post office
le prix	price
la route	road
la rue	street
la rue principale	high street
un quartier	a district
un stade	a stadium
un syndicat d'initiative	a tourist information office
un terrain de foot	a football ground
le trottoir	the pavement
une usine	a factory
la ville	town
un appartement	a flat
une armoire	a wardrobe
un ascenseur	a lift
un balcon	a balcony
un bâtiment	a building
une bibliothèque	a bookcase
le bureau	the office
un canapé	a sofa
la cave	the cellar
la chambre	the bedroom
le chauffage central	the central heating

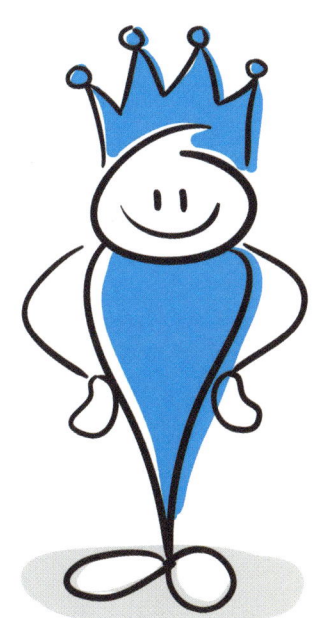

la cuisine	the kitchen
une douche	a shower
l'entrée	the entrance
l'escalier	the stairs
une étagère	a shelf
un immeuble	a block of flats
le jardin	the garden
un lave-linge	a washing machine
un lave-vaisselle	a dishwasher
un lit	a bed
une maison	a house
les meubles	furniture
le premier étage	first floor
le rez-de-chaussée	ground floor
les rideaux	curtains
la salle de bains	the bathroom
la salle d'eau	the shower room
la salle à manger	the dining room
le salon	the living room
le séjour	the living room
le sous-sol	the basement
les WCs	the toilets

HOME AND LOCALITY | **41**

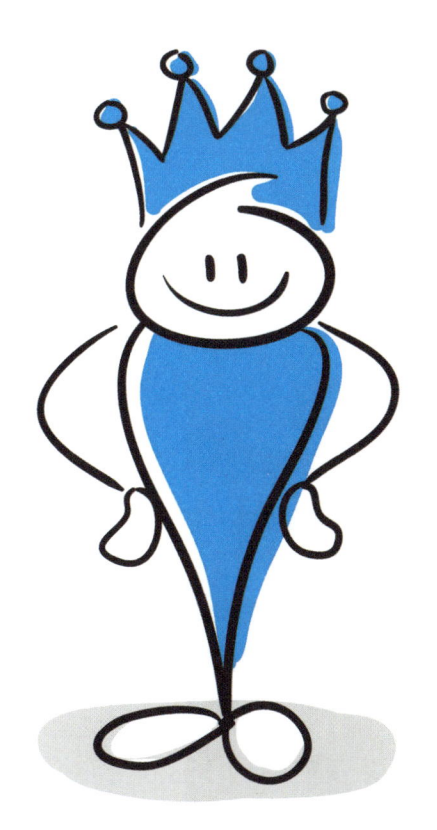

2B TRAVEL AND TRANSPORT (1)

READING

Read how these people travel to work. Give the correct information for each person.

Jean-Claude : D'habitude je prends le train pour aller au travail. Je n'ai pas de voiture et c'est très pratique.

Marie-Thèrèse : Je dois aller en bus le matin parce que c'est plus rapide qu'aller à pied.

Suzanne : Moi, je conduis et j'ai ma propre voiture. Cependant ça coûte cher !

Daniel : Pour aller au bureau je vais à pied. Mon travail se trouve en face de ma maison !

Information:
- Transport to work
- Reason
- Other details given

READING

Lis cet article du journal au sujet du transport au travail. Écris les six bonnes phrases.

Aller au travail à vélo
À partir du 1er janvier, les entreprises qui proposent des vélos pour aller travailler vont y gagner par des réductions d'impôts. Les salariés sont aussi gagnants en ce qui concerne la forme et le fait d'avoir un nouveau vélo !

La compagnie Orange a déjà des plans pour acheter des vélos pour leurs employés.

En plus le gouvernement encourage les gens à prendre le bus, le train ou le Métro au lieu de la voiture pour aller au travail. Ce qu'il propose est une réduction de prix de billets si on achète les carnets de billets au travail pour ces moyens de transport.

Alors cette initiative est bonne pour l'économie, l'environnement et la santé !

1. On peut avoir un vélo gratuit avant le nouvel an.
2. Les compagnies vont y gagner par cette initiative.
3. Les employés vont être en bonne santé.
4. Les vélos seront vieux.
5. La compagnie Orange a déjà acheté beaucoup de vélos.
6. Le gouvernement aide les employés à acheter leur propre vélo.
7. Le gouvernement veut que les salariés prennent les transports publics.
8. Les billets seront moins chers pour les employés.
9. Les compagnies vont vendre les carnets de billets pour les transports publics.
10. Ces initiatives vont aider l'environnement.

EXTRA

Translate the four incorrect sentences into English.

HOME AND LOCALITY | 43

GRAMMAR

Comparatives and superlatives

1. Adjectives that go before a noun

more (plus)	less (moins)	as (aussi)
the most (le/la/les plus)	the least (le/la/les moins)	
more interesting* (plus intéressant)	less interesting* (moins intéressant)	as interesting* (aussi intéressant)
the most interesting: **le plus intéressant** **la plus intéressante** **les plus intéressant(e)s**	the least interesting: **le moins intéressant** **la moins intéressante** **les moins intéressant(e)s**	

* In these three cases **que** is used to make a comparison e.g. Mon village est aussi intéressant que ton village (My village is as interesting as your village), Les monuments sont moins intéressants à Lille qu'à Paris (The monuments are less interesting in Lille than in Paris).

2. Adjectives that go after a noun

e.g.

- a smaller town – une ville plus petite (comparative)
- the smallest town – la ville la plus petite (superlative)

Look at page 211 of the grammar section for more information.

LISTENING

Listen to these announcements from on board a Brittany Ferries ship. Answer the questions in English.

1. Where can you go if you need some help?
2. Where is it exactly?
3. What is said about access to the car deck?
4. What can't you do if the weather is bad?
5. What else can't you do?

SPEAKING

Conversation
- Comment vas-tu au collège ?
- Quel moyen de transport préfères-tu et pourquoi ?
- Quel moyen de transport prends-tu pour aller en vacances ?
- Comment vas-tu aller au collège demain ?
- Quels sont les avantages et les inconvénients de voyager en avion ?
- Quel est le meilleur moyen de transport pour l'environnement et pourquoi ?

WRITING

Écris au moins une phrase au sujet des points suivants.
- Transport au collège
- Transport préféré
- Ton opinion sur les transports publics

2B TRAVEL AND TRANSPORT (2)

READING

Lis les détails des tickets de Métro à Lyon. Lie le bon ticket avec la bonne phrase.

A
1 ticket à 1,60 €
Ticket valable pour un trajet (Métro, bus, tramway)
Dure une heure après validation

B
10 tickets à 14,30 €
Tarifs réduits pour les étudiants et enfants et familles de plus de quatre personnes

C
Ticket Liberté Soirée à 2,60 €
Voyager à partir de 19h00 jusqu'à la fermeture du réseau

D
Ticket Liberté 1 jour à 4,90 €
Ce ticket est parfait si vous êtes en vacances en juillet ou passez quelques jours à Lyon en visite

1. Tu as 14 ans et tu vas au collège.
2. Tu visites la ville en été.
3. Tu veux sortir le soir avec tes copains.
4. Tu vas au travail en bus et rentres à pied.
5. Tu es à l'université de Lyon.
6. Tu passes le weekend chez tes amis.
7. Tu es avec ta sœur et tes parents.
8. Tu n'as que 2 € dans ta poche !

WRITING

Translate the following sentences into French.
1. There are lots of traffic jams in the town centre.
2. I used to walk to school every day.
3. How do you travel to work?
4. I would like to have my own car.

LISTENING

Listen to this French radio traffic report. Complete the grid in English. Be careful – you don't need to complete every box.

Destinations	Lyon–Orange	Perpignan–Spain	Niort–Bordeaux	Moulins
Motorway (letter + number)				
Traffic problem				
Time of delay				

HOME AND LOCALITY | 45

READING

Read the following information from a survey about transport use in Strasbourg. Answer the questions in English.

1. Est-ce que tu utilises les transports publics à Strasbourg ?
   - Tout le temps – 87%
   - Jamais – 5%
   - Quelquefois – 8%
2. Quel moyen de transport utilises-tu le plus en ville ?
   - Tramway, bus, vélo – 67%
   - Voiture, mobylette – 33%
3. Combien de fois par semaine utilises-tu les transports publics ?
   - Deux fois par jour – 58%
   - Une fois par jour – 19%
   - Une fois par semaine – 17%
   - Une fois par mois – 6%
4. Penses-tu que les transports publics à Strasbourg sont efficaces ?
   - Oui – 82%
   - Non – 16%
   - Pas décidés – 2%
5. Comment vas-tu au travail ou au collège ?
   - Tramway – 53%
   - Bus – 15%
   - Voiture – 10 %
   - Vélo – 13%
   - Autres (non applicable) – 9%

1. What percentage of people never travel by public transport?
2. Which are the most popular ways to travel to town?
3. What percentage of people use public transport once a day?
4. What percentage of people use public transport once a month?
5. From the results, do people think that public transport in Strasbourg is effective?
6. What **two** methods of transport are the most popular for getting to work or school?

READING

Translate the following sentences from the listening exercise into English:
1. Tout le monde est en route.
2. Pour quelques-uns, c'est le retour chez eux.
3. Pour la majorité c'est pour aller en vacances.
4. Nous avons déjà des embouteillages.

GRAMMAR

Adverbs

Adverbs are often formed in French by adding -**ment** to the feminine adjective e.g.

- heureuse (happy) → heureuse**ment** (happily)
- douce (sweet/gentle) → douce**ment** (gently)

Some adverbs don't follow this pattern e.g. souvent.

The position of adverbs in a sentence in French is normally after the verb (unlike English) e.g. Je vais souvent en ville (I often go to town).

Look at page 213 of the grammar section for more information.

EXTRA

Find the French adverb for:
- unhappily
- really
- better

SPEAKING

Photo card
- Décris cette photo/Qu'est-ce qui se passe sur cette photo ?
- Est-ce que tu aimes faire du vélo ? Pourquoi (pas) ?
- Les transports publics ne coûtent pas chers. Qu'en penses-tu ?
- Est-ce que ta région a assez de pistes cyclables ? Pourquoi (pas) ?
- Comment es-tu allé(e) au collège la semaine dernière ?

2B TRAVEL AND TRANSPORT (3)

READING

Read the following facts about Nantes airport. Fill in the blanks using the words below.

Il y a plus de trois millions de (1) _____ par an.

En (2) _____ plus de voyageurs partent pour Montréal.

Le surplus de (3) _____ coûte quatre-vingts euros.

Avec accès gratuit au Wi-Fi, vous (4) _____ surfer librement sur Internet.

On peut faire des achats en ligne pour les (5) _____ d'avion.

On peut (6) _____ à plusieurs destinations à partir de 29,99 €.

Un guichet automatique de banque (7) _____ situé dans le Hall 2.

Le (8) _____ des objets trouvés est situé à l'accueil.

aller	enfants	peut	ticket
bagage	est	pouvez	touriste
billets	noël	septembre	vendre
bureau	office	sont	voyageurs

EXTRA

Translate sentences 1–4 into English.

SPEAKING

Role play
- Say how you prefer to travel and why
- Mention one problem with the transport in your area
- Say how you travelled to school yesterday
- Say how you will travel on holiday next year
- Ask your friend a question about public transport in their area
- Ask where the bus stop is

READING

Read the extract below from the novel *Elise ou la vraie vie* by Claire Etcherelli. Answer the questions in English.

Lucien parlait de prendre le Métro. Je (Elise) marchais un peu derrière lui... Lucien descendait les escaliers du Métro.

«Tu as un ticket ?» il m'a demandé.

Je n'en avais pas.

À la gare de Stalingrad, nous avons changé de direction. Nous avons vu un vieil homme assis contre le distributeur de bonbons...

Le Métro est arrivé et nous sommes montés silencieusement. J'ai oublié de lire les noms des gares.

1. Where exactly was Elise?
2. How did Lucien get into the Metro?
3. What did Lucien ask Elise?
4. What was Elise's reply?
5. Who did they see in the station?
6. What had Elise forgotten to do?

WRITING

Écris un blog au sujet d'un voyage que tu feras bientôt à l'étranger.

GRAMMAR

Articles
Remember!

1. **Le/la/les** (the) e.g. **Le train arrive à quelle heure ?**
2. Preposition **à** can change depending on whether it is masculine, feminine or plural – **au/à la/a l'/aux**
3. Preposition **de** can change depending on whether it is masculine, feminine or plural – **du/de la/de l'/des**
4. **Un/une/des** (a/some) can be left out when stating people's jobs e.g. **Mon père est technicien.**

HOME AND LOCALITY | **47**

Écoute cette conversation à la gare. Choisis la bonne réponse.

1. Où voyage le client ?

   a. 　　　　　　　　　　b. 　　　　　　　　　　c.

2. Le voyage est à quelle heure ?
   a. 02h00　　　　　　　b. 14h00　　　　　　　c. 15h00

3. Qui voyage ?

   a. 　　　　　　　　　　b. 　　　　　　　　　　c.

4. Le prix est de…
   a. 140 €　　　　　　　b. 250 €　　　　　　　c. 150 €

5. Le client paie par…

   a. 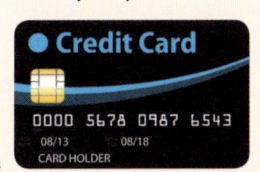　　　　　　　　　　b. 　　　　　　　　　　c.

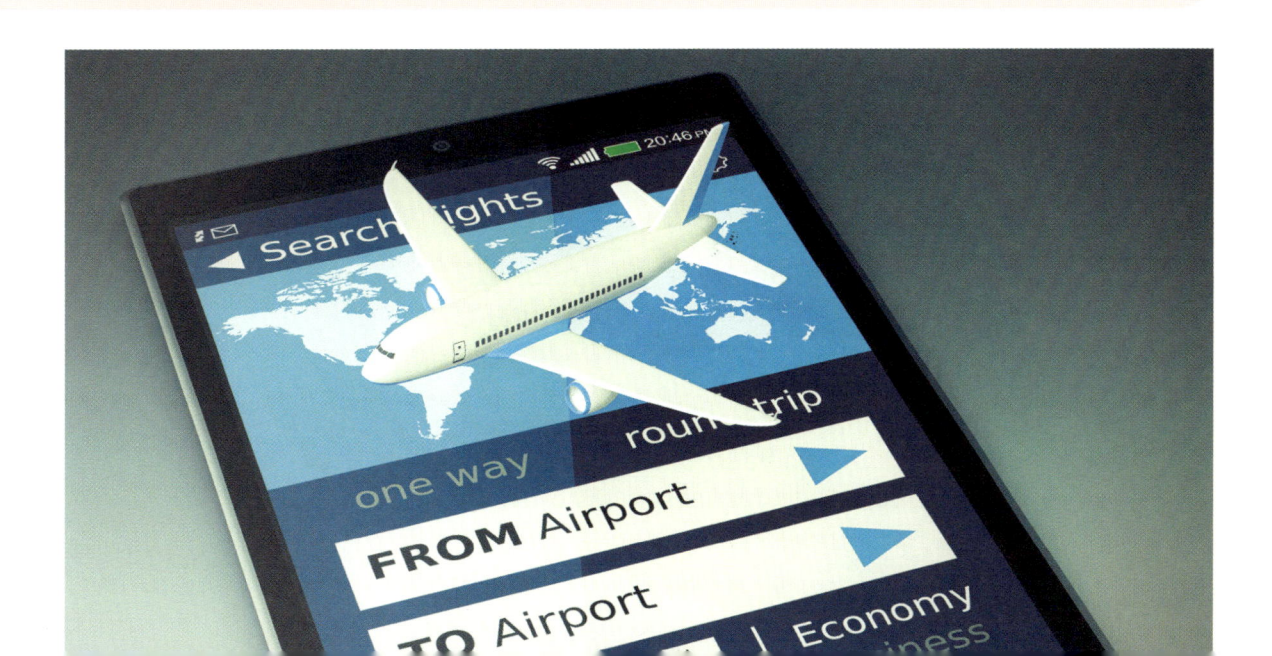

2B TRAVEL AND TRANSPORT VOCABULARY GLOSSARY

l'aller-retour	return ticket
l'arrivée	arrival
un billet	a ticket
le bureau des objets trouvés	lost property office/left luggage office
une carte	a card
commander	to order
le composteur	ticket punching machine
le départ	departure
la gare principale	the main station
l'horaire	timetable
insérer	to insert
non-fumeur	non-smoking
payer	to pay
une pièce	a coin
le quai	platform
rembourser	to reimburse
une réservation	a reservation
réserver	to book
retourner	to return
simple	single
la SNCF	French railway
une station Métro	underground station
le tarif	fare
le train à grande vitesse (TGV)	high speed train
valider	to validate
la voie	track/platform
l'agent de voyages	travel agent
à l'heure	on time
l'appel de secours	emergency call
l'argent	money
une autoroute	a motorway
auto-stop	hitch-hiking
un avion	a plane
un bateau	a boat
un billet de parking	parking ticket
un bouchon	a traffic jam
le bureau de douanes	customs office

le bureau de renseignements	information office
un camion	a lorry
un car	a coach
un carrefour	a crossroads
une carte	map
un chemin de fer	a railway
la circulation	traffic
le coffre	car boot
la consigne	left luggage
le décollage	take off
le dépannage	breakdown
les douanes	customs
l'embouteillage	traffic jam
l'essence	petrol
les feux	traffic lights
le frein de secours	emergency brake
en grève	on strike
un guichet	ticket office
l'heure de pointe	rush hour
un horaire	a timetable
le Métro	underground train
le numéro d'immatriculation	number plate
en panne	broken down
le péage	motorway toll
un permis de conduire	a driving licence
à pied	walk/on foot
le plan de la ville	town map
un poids lourd	a lorry
le point de rendez-vous	meeting point
le pneu	tyre
un pneu crevé	flat tyre
en retard	late
sans plomb	lead-free petrol
la sortie	exit
la sortie de secours	emergency exit
un train	a train
un trajet	a journey
le transport en commun	public transport
la traversée	(sea) crossing
un vélo	a bike
une voiture	a car
le vol	flight
le volant	steering wheel
un voyageur	a traveller

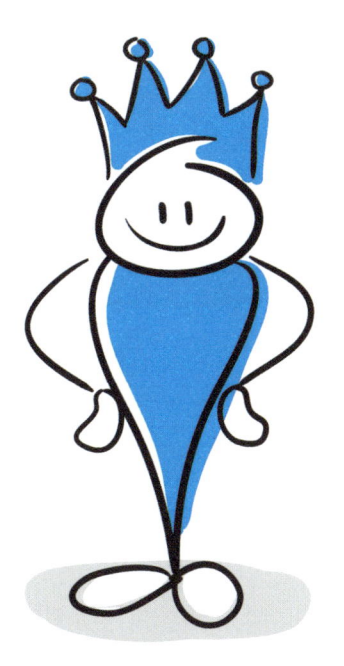

2A LOCAL AREAS OF INTEREST
2B TRAVEL AND TRANSPORT
GRAMMAR IN CONTEXT

1. IMPERFECT TENSE
Translate these sentences into French.

1. I was writing a blog every day.
2. I was going on holiday every year.
3. He was playing tennis every summer.
4. It was raining every day.

> To form the imperfect tense, see the information on page 229 and the verb tables on pages 232–240.

2. COMMANDS
Translate these commands into French.

1. Visit the museum! (**tu**)
2. Give me the mobile phone! (**vous**)
3. Let's take the road on the left! (**nous**)
4. Look right! (**tu**)
5. Turn left! (**vous**)

> Imperatives give commands and instructions. See page 230 for more information.

3. CONDITIONAL
Complete the sentences with the correct form of the verb.

1. Nous _____ (**manger**) au restaurant.
2. J'_____ (**acheter**) une maison.
3. Il _____ (**habiter**) en ville.
4. Ils _____ (**visiter**) la campagne.
5. Mes parents _____ (**vendre**) leur maison.

> To form the conditional tense, see the information on page 227 and the verb tables on pages 232–240.

4. ADJECTIVES: COMPARATIVES AND SUPERLATIVES
Choose the correct adjective and translate the sentence into English.

1. Une voiture est plus **chère/chers/cher** qu'un vélo.
2. Les avions sont les plus **impressionnant/impressionnantes/impressionnants**.
3. Un livre est moins **intéressante/intéressant/intéressants** qu'une tablette.
4. Un taxi est aussi **grand/grande/grandes** qu'une voiture.

> Remember to make adjectives agree with the noun. For more information on comparatives and superlatives, see page 211.

5. ADVERBS

Write a sentence using each of the following adverbs.

1. lentement
2. souvent
3. rarement
4. rapidement
5. probablement

> Adverbs are used with a verb, an adjective or another adverb to add more detail about what is happening. See page 213 for more information.

6. PRESENT TENSE

Choose the correct verb.

1. Je _____ (aller) en voiture.
2. Il y ____ (avoir) un restaurant.
3. Ma ville _____ (être) ennuyeuse.
4. Le musée _____ (ouvrir) à 9 heures.
5. On _____ (acheter) un billet au guichet.

> It's important to keep revising the present tense. See page 224 for more details.

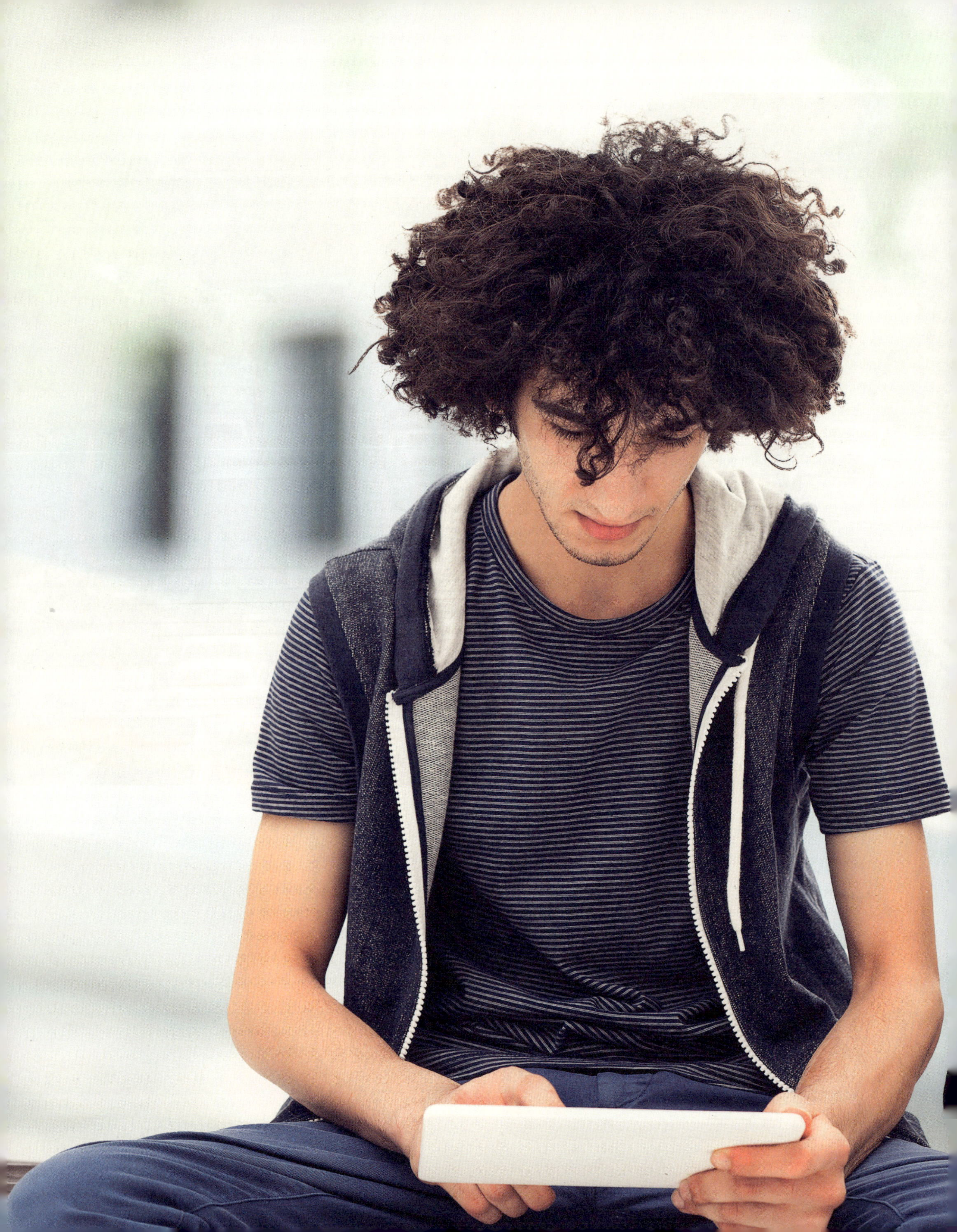

THEME: CURRENT AND FUTURE STUDY AND EMPLOYMENT

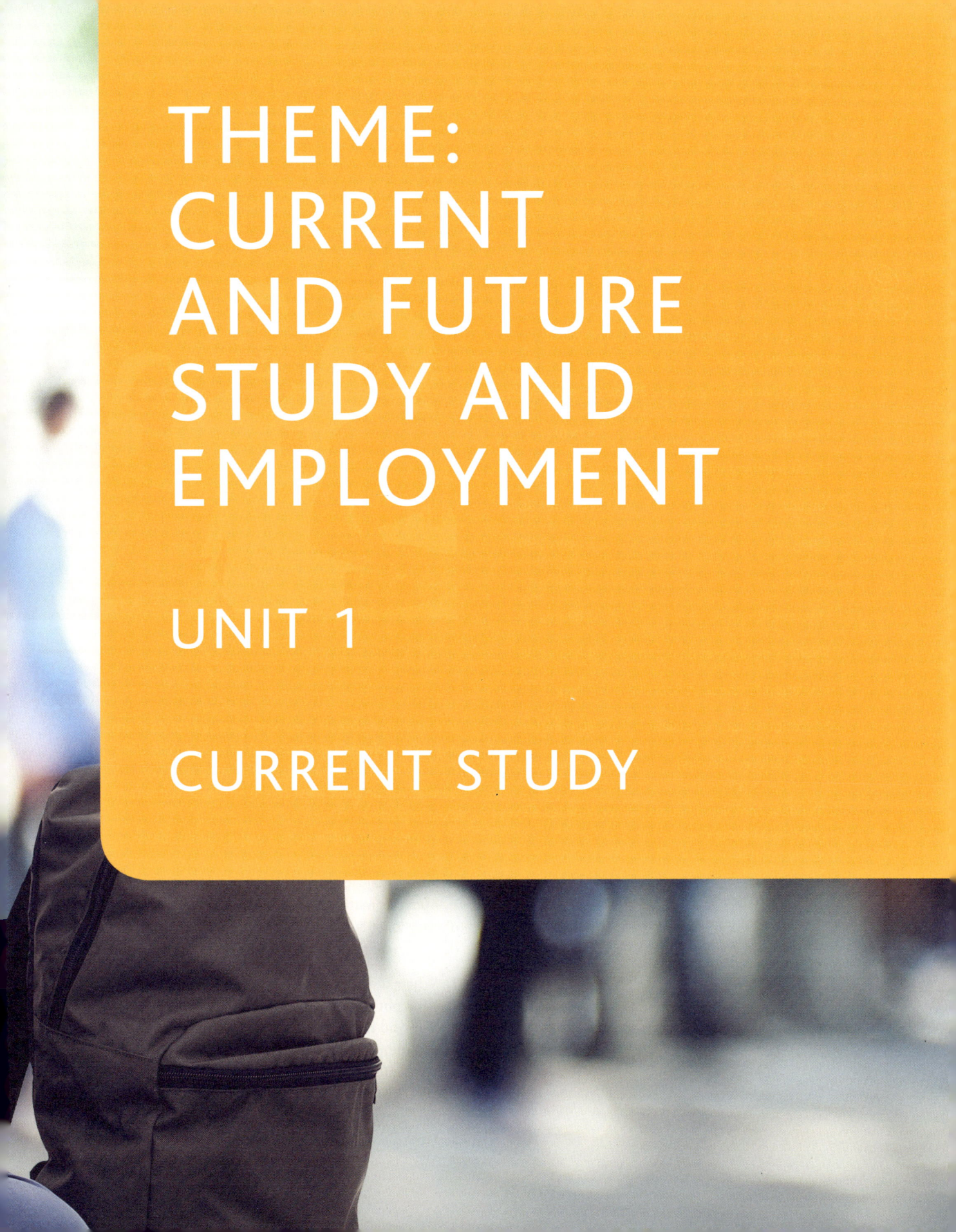

UNIT 1

CURRENT STUDY

3A SCHOOL/COLLEGE LIFE (1)

READING

Lis les informations au sujet des matières scolaires en France. Réponds aux questions en français.

Enseignements obligatoires pour les élèves de seconde au lycée.

Total des heures obligatoires: 25h30 par semaine.

Français	4 heures
Histoire-géographie	3 heures
Anglais	2 heures 30
Espagnol	2 heures 30
Maths	4 heures
Physique-Chimie	3 heures
Sciences de la vie et de la terre	1 heures 30
Éducation Physique et Sportive	2 heures
Éducation civique et sociale	30 minutes
Études privées (devoirs)	2 heures

1. Pendant combien d'heures par semaine les élèves sont-ils à l'école ?
2. Combien d'heures y a-t-il pour les langues ?
3. Combien d'heures y a t-il pour le sport ?
4. Combien d'heures y a-t-il pour les sciences ?
5. Quelles sont les deux matières qui occupent la plupart des heures ?
6. Quelle est la matière qui occupe le moins des heures ?

READING

Read the extract below adapted from the book *Coup de Foudre au collège* by Louise Leroi. Answer the questions in English.

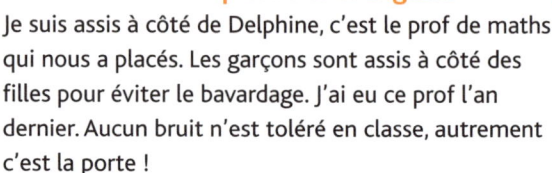

Je suis assis à côté de Delphine, c'est le prof de maths qui nous a placés. Les garçons sont assis à côté des filles pour éviter le bavardage. J'ai eu ce prof l'an dernier. Aucun bruit n'est toléré en classe, autrement c'est la porte !

Le prof nous a demandé d'écrire en haut de la page. Nous avons dû marquer notre nom et prénom en lettres majuscules ainsi que le numéro de la classe.

Après les maths nous sommes allés au cours d'espagnol et là il y avait du bruit et le prof a dû taper dans les mains pour avoir du silence.

1. Where did the writer have to sit?
2. Who put him there?
3. Why did the boys have to sit next to the girls?
4. What mustn't the pupils do in the maths lesson?
5. What did the pupils have to write at the top of the page?
6. What lesson did the pupils have after maths?
7. How did the teacher get the pupils to be quiet?

GRAMMAR

Perfect (past) tense with 'avoir'

Most verbs are formed in the perfect tense using the present tense of **avoir**.

Verb endings:

-**er** verbs	e.g. manger	mangé
-**ir** verbs	e.g. finir	fini
-**re** verbs	e.g. vendre	vendu

To form the perfect tense you first need to add the present tense of **avoir.**

- j'ai mangé – I ate
- tu as mangé – you ate (singular)
- il/elle a mangé – he/she ate
- nous avons mangé – we ate
- vous avez mangé – you ate (polite/plural)
- ils/elles ont mangé – they ate

Please see page 228 of the grammar section for more information.

LISTENING

Listen to Hélène talking about her subjects. Choose the six correct sentences.

1. Hélène studies English, Spanish and German.
2. Hélène studies French, English and Spanish.
3. She has to study maths and science.
4. She has to study maths and music.
5. She likes languages because they are fun.
6. She is good at languages.
7. She doesn't like maths.
8. She thinks biology is easy.
9. She thinks physics is difficult.
10. She isn't fit.

WRITING

Écris une phrase aux thèmes suivants au sujet du collège.

- Les heures
- La routine
- Les bâtiments
- Les activités extra-scolaires
- Les professeurs
- Tes opinions

SPEAKING

Photo card

- Décris cette photo/Qu'est-ce qui se passe sur cette photo ?
- Aimes-tu le collège ? Pourquoi (pas) ?
- Les professeurs sont stricts. Es-tu d'accord ?
- Qu'est-ce que tu as fait au collège hier ?
- Comment serait ton collège idéal ?

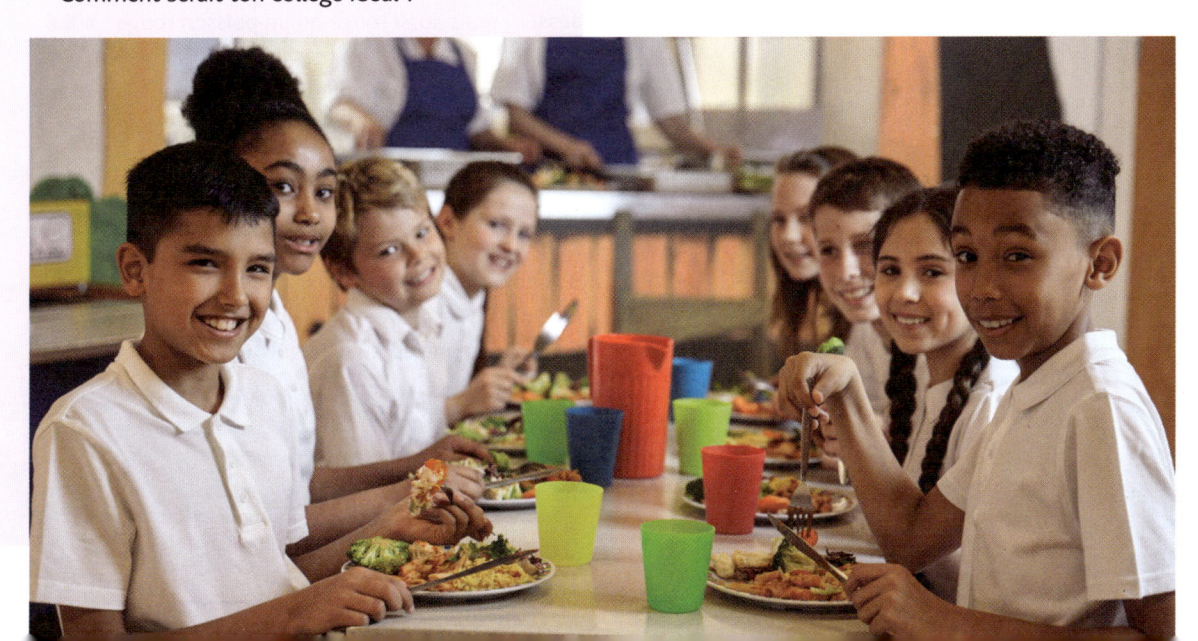

3A SCHOOL/COLLEGE LIFE (2)

READING

Read these ten rules from a French school. Match 1–10 with a–j.

1. Il faut faire les devoirs.
2. Il faut écouter les professeurs.
3. Il faut être toujours à l'heure.
4. Il faut respecter les autres.
5. Il est interdit de fumer ou de prendre de la drogue.
6. Il est interdit d'utiliser les portables en classe.
7. Il est permis de rentrer à la maison pendant l'heure du déjeuner.
8. Il n'est pas permis de sortir du collège pendant la récré.
9. Si on a de mauvaises notes à la fin de l'année, il faut redoubler.
10. Si vous avez un cours libre, il faut aller à la bibliothèque.

a. You must listen to the teachers.
b. If you have a free lesson, you must go to the library.
c. It is forbidden to use a mobile phone in class.
d. It is forbidden to smoke or take drugs.
e. You have to do homework.
f. You must be on time.
g. You are not allowed out of school at breaktime.
h. If you have bad marks at the end of the year, you will need to retake the year.
i. You must respect others.
j. You are allowed to go home at lunchtime.

READING

Lis les messages des jeunes sur Facebook au sujet de leur journée au collège. Réponds aux questions suivantes.

« Aujourd'hui, le directeur m'a renvoyée chez moi parce que j'ai apporté des cigarettes au collège. » **A.M.**

« Avant un contrôle mon prof m'a demandé c'est quelle langue aujourd'hui anglais ou allemand ? » **H.K.**

« J'ai reçu 7/20 en français aujourd'hui ! Mon ami qui est d'origine des États-Unis a eu 12/20 ! » **S.P.**

« Avant d'entrer dans mon cours de maths, j'ai eu un texto de ma copine. J'ai dû le lire mais je ne savais pas que le prof était derrière moi et a lu le texte aussi ! J'étais aussi rouge qu'un poisson rouge ! » **B.F.**

« Le weekend, je fais mes devoirs. Ma mère m'a dit que j'ai trop attendu pour les faire pendant que mon père a dit qu'il était très content que je travaillais si dur ! Qui a raison ? » **G.R.**

1. Qui a été embarrassé ?
2. Qui a cassé une règle ?
3. Qui est nul en français ?
4. Qui fait des travaux scolaires à la maison ?
5. Qui a eu une épreuve linguistique ?

EXTRA

Translate what S.P. and H.K. wrote on Facebook into English.

CURRENT STUDY | 57

READING

Translate these sentences into English.
1. J'ai mangé à la cantine et c'était délicieux.
2. J'aime le collège, mais les professeurs sont stricts.
3. Il faut être toujours à l'heure.
4. Mon collège idéal serait très grand avec beaucoup d'ordinateurs.

GRAMMAR

Perfect (past) tense with 'être'

The following are all the verbs that use the present tense of **être** to form the perfect tense. All reflexive verbs are formed in the same way.

- aller – to go
- arriver – to arrive
- descendre – to go down
- devenir – to become
- entrer – to enter
- monter – to go up
- mourir – to die
- naître – to be born
- partir – to leave
- rentrer – to go back
- rester – to stay
- retourner – to return
- sortir – to come back
- tomber – to fall
- venir – to come

As they are formed with the present tense of **être**, the endings of the verbs will need to agree with the person. See the verb **arriver** below as an example:

- Je suis arrivé(e)
- Tu es arrivé(e)
- Il est arrivé
- Elle est arrivée
- Nous sommes arrivé(e)s
- Vous êtes arrivé(e)s
- Ils sont arrivés
- Elles sont arrivées

Please see page 228 of the grammar section for more information.

LISTENING

Listen to Julie and Louis talking about the subjects they find difficult. Answer the following questions:
- Which subjects does each find difficult?
- What exactly do they find difficult about each subject?
- What advice is given to help them?

SPEAKING

Role play
- Give **two** details about your school
- Say what you think about your school and why
- Say what you did at breaktime yesterday
- Ask your friend a question about their school day
- Say what you will do after school today
- Ask your friend if they have a uniform

WRITING

Réponds au mail de ton/ta correspondant(e).

Salut John,

J'espère que tu vas bien ! Je suis très fatigué parce que j'ai trop de devoirs ! Que fais-tu comme matières au collège ? Comment sont tes profs ? Que fais-tu à midi ? Que portes-tu comme uniforme scolaire ? Ici on ne porte pas d'uniforme scolaire. D'habitude je porte un jean et un t-shirt.

En attendant tes nouvelles,
Amitiés,

Patrick

EXTRA

Translate the sentences underlined in the e-mail into English.

3A SCHOOL/COLLEGE LIFE (3)

READING

Read the following web page from the Lycée Jacques Brel in Lyon. Answer the questions in English.

Le lycée Jacques Brel se trouve dans les alentours de Lyon.

Le lycée a 1 130 élèves et soixante professeurs.

Le lycée vient d'avoir de nouveaux bâtiments et la construction est moderne.

Ici les élèves peuvent étudier pour les Baccalauréats Généraux (littéraire, économique et social, scientifique) et les Baccalauréats Technologiques (management et gestion, santé et social).

1. Where exactly is the school?
2. How many teachers are there?
3. What type of buildings does it have?
4. Name two areas that can be studied for the Bac Général.
5. Name two areas that can be studied for the Bac Technologique.

READING

Read the text about teachers and fill in the gaps using words from the list below.

Il y a toutes (1) _____ de profs : des profs gentils, des profs stricts, des profs stressés, des profs (2) _____. Il y a des profs chics et des profs qui portent (3) _____ vêtements moches ! Une chose en (4) _____, les profs (5) _____ humains comme les autres et apprécient la politesse. Ils (6) _____ les jeunes qui les écoutent et (7) _____ posent des (8) _____ intéressantes.

aime	important	rigolos
aiment	intelligent	sont
cent	le	sorte
commun	quand	sortes
des	questions	
histoires	qui	

LISTENING

Écoute les phrases 1 à 8. Est-ce qu'on parle du système scolaire en France ou en Grande-Bretagne ?

GRAMMAR

Time and numbers

Numbers and times often come up at GCSE. You will need to know these well. To check your numbers, look at page 219.

Below is a reminder of how to tell the time in French.

Quelle heure est-il?

- 7.00 Il est sept heures
- 7.05 Il est sept heures cinq
- 7.10 Il est sept heures dix
- 7.15 Il est sept heures et quart
- 7.20 Il est sept heures vingt
- 7.25 Il est sept heures vingt-cinq
- 7.30 Il est sept heures et demie
- 7.35 Il est huit heures moins vingt-cinq
- 7.40 Il est huit heures moins vingt
- 7.45 Il est huit heures moins le quart
- 7.50 Il est huit heures moins dix
- 7.55 Il est huit heures moins cinq

Note:

- 12.00 Il est midi
- 12.30 Il est midi et demi
- 00.00 Il est minuit
- 00.30 Il est minuit et demi
- 14.00 Il est quatorze heures

SPEAKING

Conversation
- Décris ton collège.
- À quelles matières t'intéresses-tu ? Pourquoi ?
- Quelle est ton opinion de l'uniforme scolaire ?
- Quelle est ta journée préférée ? Pourquoi ?
- Qu'est-ce que tu as fait au collège la semaine dernière ?
- À ton avis, est-ce que les professeurs encouragent les jeunes ?

WRITING

Translate the following sentences into French.
1. It is forbidden to wear jewellery.
2. It is an old school.
3. School starts at 8.45am.
4. Science is useful.
5. Languages are important.

3A SCHOOL/COLLEGE LIFE VOCABULARY GLOSSARY

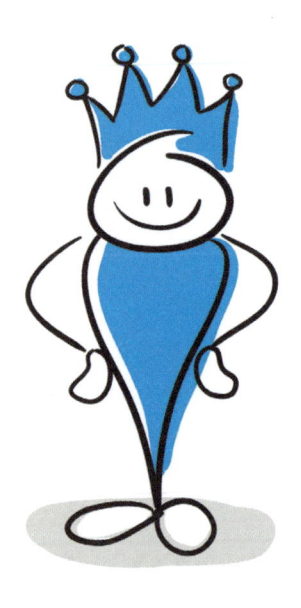

absent	absent
l'amélioration	improvement
l'appel	registration
apprendre	to learn
l'apprenti	apprentice
l'apprentissage	apprenticeship
l'art	craft
artistique	artistic
l'assemblée	assembly
une bibliothèque	a library
un bic	a ball-point pen
un bulletin scolaire	a school report
un cahier	an exercise book
un calendrier	a calendar
la cantine	school canteen
un cartable	a school bag
une chaise	a chair
un chiffre	a number
une chorale	a choir
un collège	a secondary school
compliqué	complicated
le concierge	the caretaker
un contrôle	a test
un correspondant	a penfriend
un couloir	a corridor
couramment	fluently
la cour	the playground
un cours	a lesson
la craie	chalk
un crayon	a pencil
le début	the start
un débutant	a beginner

dernier	last
les devoirs	homework
la dictée	dictation
un dictionnaire	a dictionary
le directeur	headmaster
la directrice	headmistress
les dissertations	essays
une école	a school
une école primaire	a primary school
une école spécialisée	a special school
un élève	a pupil
un emploi du temps	a timetable
ennuyeux	boring
en pension	boarding
l'enseignement	education
une épreuve orale	a speaking test
une épreuve	a test
une erreur	a mistake
un étudiant	a student
étudier	to study
un examen	an exam
la fac	university
faux	false
un feutre	a felt pen
une flûte à bec	a recorder
les grandes vacances	the summer holidays
un gymnase	a gymnasium
une heure	an hour
un jeu de rôle	a role play
un laboratoire	a laboratory
une leçon	a lesson
libre	free
un livre	a book
un mot	a word
un mur	a wall
un niveau	a level
une note	a mark
un nombre	a number

une pause	a break
une pause déjeuner	a lunch break
un professeur d'appel	a form tutor
la punition	punishment
la récréation	breaktime/school break
le redoublement	resit a year
une règle	a ruler
la rentrée	return to school
un représentant de classe	a class spokesperson
le résultat	result
une réunion	a meeting
une revue	a rehearsal
un sac	a bag
une salle d'assemblée	an assembly hall
une salle de classe	a classroom
une salle d'informatique	an ICT room
le sens	meaning
sévère	strict
le stage	course
le succès	achievement
la surveillance	supervision
un tableau blanc interactif	an interactive whiteboard
un tableau noir	a blackboard
une tâche	a task
terminé	end
le travail	work
le travail scolaire	schoolwork
un uniforme scolaire	a school uniform
l'université	university
les vacances	holiday
le voyage scolaire	class trip

CURRENT STUDY | **63**

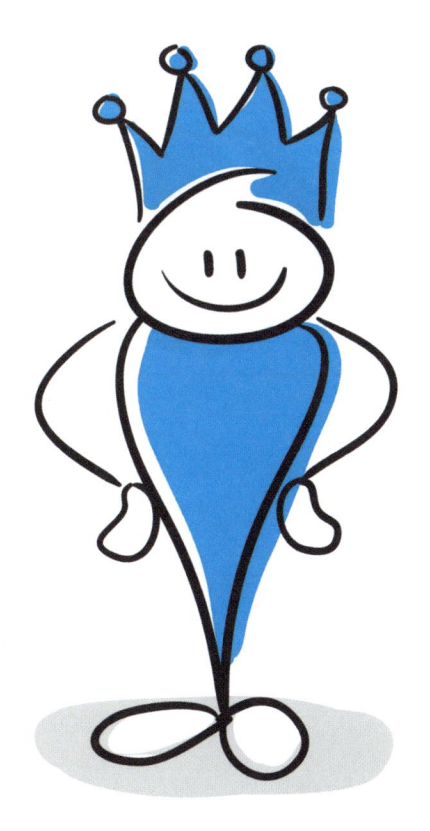

3B SCHOOL/ COLLEGE STUDIES (1)

READING

Lis les commentaires sur les matières. Écris le numéro correct.

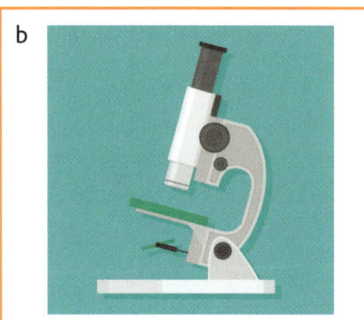

a. [flamenco dancer]
b. [microscope]
c. [mechanic working on car]
d. [numbers]
e. [footballer]
f. [globe]

1. J'aimerais être vétérinaire, alors je devrais étudier les sciences.
2. Je voudrais devenir mécanicien et j'aimerais travailler avec les voitures.
3. Alors moi, je voudrais être entraîneur de football. Je vais continuer mes études de sport à l'université
4. Je m'intéresse aux pays et à la nature. Alors je voudrais continuer mes études en géographie.
5. Je voudrais étudier l'espagnol parce que j'adore L'Espagne et j'aimerais y habiter.

EXTRA

Choose a sentence from above and translate into English.

LISTENING

Listen to Marianne talking to her brother Martin about 'le lycée'. Answer the questions in English.
1. What does Marianne first tell her brother?
2. What subjects can you study in both 'le collège' and 'le lycée'?
3. What subjects are new in 'le lycée'?
4. What are the teachers like?
5. What does Marianne tell her brother at the end?

SPEAKING

Role play
- Say what subjects you study
- Ask your friend what their favourite subject is
- Say who your favourite teacher is and why
- Say what you would like to learn in the future
- Say what homework you did yesterday
- Ask your friend if they have lots of exams

CURRENT STUDY | 65

READING

Read the following sections from a subject options guide for a 'lycée'. Complete the table below in English.

Vous aimez les langues mais aussi la société et la culture ?

On vous conseille de suivre une LV3 étrangère (espagnol ou italien) ou régionale (breton, corse, basque). Il y aura huit heures par semaine. Vous apprendrez une langue, une civilisation, un mode de vie et de pensée différents. En ce qui concerne les études de langues, vous allez apprendre un nouveau vocabulaire, de la grammaire, la conversation, l'étude de textes, de documents, de films et de traductions.

Fan de sport ?

On vous conseille d'étudier l'enseignement EPS. Il y aura neuf heures par semaine. Vous allez apprendre de nouveaux aspects (santé, commerce, sécurité, spectacle). Vous allez choisir deux activités physiques, sportives et artistiques.

Course	Languages
Hours per week	
Foreign languages	
Regional languages	
Other areas studied	
Details of language course	

Course	Sport
Hours per week	
Other areas studied	
Activities	

GRAMMAR

Indefinite adjectives

- **autre** – other e.g. Les autres élèves étudient l'anglais, J'ai une autre copine !
- **chaque** – each e.g. chaque élève a un portable, chaque voiture.
- **même** – same e.g. il a vu le même match, elle a la même jupe.
- **plusieurs** – several e.g. j'ai plusieurs jeux vidéo.
- **quelque** (s) – some e.g. pendant quelque temps, quelques élèves ont oublié les devoirs.
- **tel, telle, tells, telles** – such e.g. un tel garçon, de telles voitures.
- **tout, toute, tous, toutes** – all e.g. tous les garçons, toutes les matières.

WRITING

Écris un article pour le site web de ton collège. Écris au sujet de…

- Ton école primaire (passé)
- Ton collège (présent)
- Inclus des opinions
- Ce que tu vas faire en septembre comme matières

EXTRA

Écris au sujet des différents systèmes scolaires entre la Grande-Bretagne et la France.

3B SCHOOL/COLLEGE STUDIES (2)

READING

Read the following adapted extract from the French pop star Mylène Farmer's biography. In this section the author talks about her school days. Answer the questions in English.

Il y a des matières telles que les mathématiques qu'elle n'a pas aimées. Il y en a d'autres qu'elle a trouvé importantes, telles que l'histoire, le français et le dessin.

L'histoire est devenue sa passion et plus tard dans la vie ses clips vidéo ont montré des époques historiques.

Elle aimait beaucoup la littérature française parce qu'elle avait une grande imagination. Elle a lu beaucoup de poèmes aussi. Elle a commencé à s'intéresser au dessin à la maison avec sa grand-mère et elle a appris les techniques de dessin à l'école.

1. What subject didn't Mylène like?
2. What subjects did she think were important?
3. What is said about her music videos?
4. Why did she like French literature?
5. What has she read a lot of?
6. Where did she begin to like drawing?
7. Who taught her to draw?

READING

Read the text below. Then make notes in English about what each pupil's problem is and what advice is given.

Les problèmes de classe

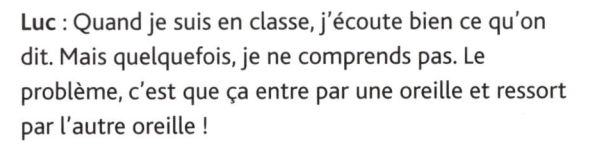

Luc : Quand je suis en classe, j'écoute bien ce qu'on dit. Mais quelquefois, je ne comprends pas. Le problème, c'est que ça entre par une oreille et ressort par l'autre oreille !

Conseil : Il faut faire travailler ta mémoire à long terme. Travaille avec un ami pour t'aider. Révise petit par petit chaque jour.

Stéphanie : J'ai toujours du mal à parler devant les autres en classe. Je suis timide et je déteste faire les exposés à l'oral.

Conseil : Apprends à respirer et à te relaxer. Pratique devant le miroir dans ta chambre, puis devant tes amis ou tes parents.

Fiona : J'ai du mal à me concentrer en classe. Je suis toujours fatiguée !

Conseil : À quelle heure te couches-tu ? Essaie d'aller au lit une heure plus tôt que d'habitude et laisse le portable et l'iPod dans le salon ou éteins-les !

CURRENT STUDY | 67

LISTENING

Écoute ce professeur qui parle de son collège. Choisis la bonne réponse.

1. Il y a combien de sortes de classes ?
   a. 2
   b. 8
   c. 10
2. Dans une classe monolingue on parle…
   a. Le breton et l'anglais
   b. Le français
   c. Le breton et le français
3. Dans une classe bilingue on parle…
   a. Le breton et l'anglais
   b. Le français
   c. Le breton et le français
4. Qui fait le choix de classes ?
   a. Le professeur
   b. L'élève
   c. Les parents et l'élève
5. Le matin on étudie…
   a. Les maths et l'histoire
   b. Les maths et le français
   c. Le français et le breton
6. Comme sport on fait…
   a. Le judo
   b. La danse
   c. La gymnastique
7. Il y combien d'élèves dans les classes bilingues ?
   a. 15
   b. 38
   c. 50

WRITING

Translate the following into French:
1. At the moment I have a lot of homework to do.
2. I am really happy that I chose to study PE and French.
3. My sister loves reading and is good at English.
4. I find maths difficult but my teacher is very helpful.
5. I am not very creative and I have poor marks in art.

SPEAKING

Conversation
- Penses-tu qu'il y a trop de pressions au collège ?
- Que penses-tu des professeurs ? Pourquoi ?
- Que feras-tu l'année prochaine comme études ? Pourquoi ?
- Penses-tu qu'il y ait trop de devoirs ?
- Qu'as-tu fait comme devoirs hier ?
- Comment serait ton école idéale ? Pourquoi ?

GRAMMAR

Personal pronouns
Subject pronouns:

	Singular	Plural
1	je	nous
2	tu	vous
3	il/elle/**on**	ils/elles

On is a singular pronoun and can be translated as 'they/we' e.g. On va au concert (They/we are going to the concert).

READING

Translate the sentences into English.
1. J'aime l'histoire, mais je la trouve difficile.
2. J'ai fait beaucoup de devoirs hier – surtout les maths.
3. Ma sœur n'écoute pas dans la classe.
4. Je voudrais étudier l'allemand parce que j'aimerais travailler en Allemagne.

3B SCHOOL/COLLEGE STUDIES (3)

READING

Read the sentences below about problems that might cause stress in school.

1. Si on ne fait pas assez de progrès on doit redoubler l'année.
2. Ils nous donnent des lignes à écrire.
3. Si on ne fait pas les devoirs, il y a une retenue.
4. Mes parents me stressent et les profs me stressent – tout est stressant !
5. On a trop de contrôles et de devoirs.
6. Je dois travailler au moins trois heures chaque soir en faisant les devoirs – c'en est trop !
7. Je n'ai pas d'amis en classe, alors je me sens tout seul.
8. Une fille de ma classe m'embête, il y a des jours où je n'ai pas envie d'aller au lycée à cause d'elle !
9. L'année dernière mon père a changé de lieu de travail et j'ai dû m'inscrire dans un nouveau collège.

Find the French phrases from the sentences above to match the following English statements.

a. A girl in my class annoys me
b. We have too many tests
c. We have to retake the year
d. There is a detention
e. A new school
f. I have to work
g. They give us
h. Everything is stressful
i. I don't feel like
j. I feel alone

EXTRA

Translate two of the above sentences into English.

READING

Lis l'article au sujet des examens et le stress. Remplis les blancs.

L'importance de la (1) _____ pour les examens. La préparation n'est (2) _____ facile mais c'est (3) _____ important si on veut faire mieux et (4) _____ le stress.

Clotilde : « Si j'avais su l'importance de la préparation pour les examens, j' (5) _____ commencé plus tôt! Il me faut de la pression pour réviser. Comme je n'ai pas bien préparé pour les examens, j' (6) _____ été stressée ! »

Richard : « Je prépare les examens en (7) _____. Comme ça j'arrive au jour de l'examen sans stress. »

Le stress est (8) _____ et il est important de prendre du temps à préparer. Pendant les (9) _____ avant les examens il faut aussi manger (10) _____ et boire beaucoup d'eau pour être bien hydraté. Il ne faut pas prendre (11) _____ de caféine. Finalement le plus important ? – C'est de bien (12) _____ !

ai	heure	révise
aurais	nature	semaine
avais	naturel	semaines
avance	mal	sortir
bien	préparation	suis
dormir	pas	toute
encourager	petit	trop
éviter	peut	vraiment

WRITING

Écris un mail à ton ami(e) français(e) au sujet des problèmes au lycée:
- devoirs
- stress
- examens

LISTENING

Écoute l'avis pour avoir un bon examen. Réponds aux questions en français. Combien d'heures faut-il dormir la nuit ?

1. Qui peut te faire lever ? Et comment ?
2. Que faut-il faire quand on se lève ?
3. Que faut-il prendre pour le petit déjeuner ?
4. Qu'est-ce qu'il ne faut pas prendre pour le petit déjeuner ?

SPEAKING

Photo card
- Décris cette photo/Qu'est-ce qui se passe sur cette photo ?
- Penses-tu que les devoirs sont une perte de temps ?
- Penses-tu qu'il y a trop d'examens ?
- Souffres-tu du stress au lycée ?
- Est-ce que ta famille t'encourage avec tes études ?

GRAMMAR

Object pronouns

The table below shows the normal order of pronouns:

1	2	3	4	5
me				
te	le			
se	la	lui		
nous	les	leur	y	en
vous				
se				

e.g.

- Je te le donne – I give it to you
- Il m'en a parlé – He talked to me about it

See page 214 of the grammar section for more information.

3B SCHOOL/COLLEGE STUDIES VOCABULARY GLOSSARY

affreux	awful
aimer faire	to like doing
l'allemand	German
l'anglais	English
les arts dramatiques	drama
la biologie	biology
la chimie	chemistry
chouette	great
le dessin	art
détester	to hate
difficile	difficult
le droit	law
dur	hard
l'éducation religieuse	religious education
ennuyeux	boring
l'éducation physique et sportive (EPS)	PE
l'espagnol	Spanish
être amusant	to be fun
les études sociaux	social studies
facile	easy
formidable	brilliant
le français	French
génial	great
la géographie	geography
la géologie	geology
l'histoire	history
l'informatique	IT
intéressant	interesting
inutile	useless
les langues étrangères	foreign languages
les langues vivantes	foreign languages

léger	light
lourd	heavy
les mathématiques	maths
la matière	school subject
la musique	music
pas satisfaisant	unsatisfactory
la physique	physics
pratique	practical
le russe	Russian
satisfaisant	satisfactory
les sciences	science
terrible	terrible
les travaux manuels	technology
très bien	very good
utile	useful
aimer	to like
améliorer	to improve
choisir	to choose
commencer	to start
compléter	to complete
comprendre	to understand
concentrer	to pay attention
copier	to copy
corriger	to correct
demander	to ask
dessiner	to draw
détenir	to be kept back
dicter	to dictate
dire	to say
durer	to last
échanger	to exchange
écouter	to listen
écrire	to write
enregistrer	to register
enseigner	to teach
épeler	to spell
étudier	to study

faire	to make/do
fermer	to close
instruire	to educate/instruct
lire à haut voix	to read out
mettre	to put
ouvrir	to open
partir	to leave
peindre	to paint
penser	to think
poser une question	to ask a question
pouvoir	to be able to
pratiquer	to practise
prononcer	to pronounce
punir	to punish
quitter	to leave (school)
raconter	to tell
regarder	to watch
répéter	to repeat
répondre	to answer
résoudre	to solve
savoir	to know
sérieux	serious
se plaire	to please
taper	to type
terminer	to end
traduire	to translate
travailler	to work
traverser	to cross
vérifier	to check
visiter	visit
vouloir dire	to mean

CURRENT STUDY | **73**

3A SCHOOL/COLLEGE LIFE
3B SCHOOL/COLLEGE STUDIES
GRAMMAR IN CONTEXT

1. THE PERFECT TENSE WITH *AVOIR*

Translate the following into French using the perfect tense of the verb in brackets.

1. I did my homework. (faire)
2. I ate a sandwich in the canteen. (manger)
3. He studied in the library. (étudier)
4. The teachers gave a lot of homework. (donner)
5. We worked very hard. (travailler)

Remember that most verbs in the perfect tense take the present tense of **avoir**. See page 228.

2. THE PERFECT TENSE WITH *ÊTRE*

Write the correct past participle for each verb – remember to make it agree.

1. Elle est _____ (**rentrer**) à la maison.
2. Nous sommes _____ (**arriver**) au collège à neuf heures.
3. Ils sont _____ (**entrer**) dans la salle de classe.
4. Comment es-tu _____ (**aller**) au collège ?
5. Je suis _____ (**retourner**) à mon école primaire.
6. Ma sœur s'est _____ (**coucher**) tard parce qu'elle avait beaucoup de devoirs.

You will need to learn the list of verbs that take **être** in the perfect tense. Remember that reflexive verbs also take **être**. See page 228.

3. *ÊTRE* OR *AVOIR*?

Complete the sentences with the correct form of **être** or **avoir**. Remember to make the past participle agree if it is an **être** verb.

1. Elle _____ revenue à notre classe.
2. Nous _____ pris l'autobus ce matin.
3. _____-vous entendu l'explication du professeur ?
4. Mes amis _____ arrivés pendant la récré.
5. Les profs _____ restés dans la salle des professeurs.
6. Il _____ décidé d'étudier les sciences.

> It's really important to keep revising the perfect tense – you will need to refer to events in the past, present and future in all your exams.

4. THE TIME

Write the following *in full* in French.

1. Lessons start at 8.30.
2. Break starts at 11.20.
3. School finishes at 3.35.
4. I go to bed at 10.15.
5. I get up at 6.45.

> Times, dates and numbers are all likely to appear in your exam. Make sure you are confident using and understanding them. See page 219.

5. INDEFINITE ADJECTIVES

Translate the following into English.

1. Quelques élèves ont oublié leurs devoirs.
2. Mon frère déteste toutes les matières.
3. Les autres élèves étudient la biologie.
4. Chaque élève doit porter une cravate.
5. Mon professeur dit la même chose tous les jours.
6. Il y a plusieurs professeurs sévères à mon école.

> Indefinite adjectives are used to express *other, each, same, several, some, such* and *all*. See page 212.

6. OBJECT PRONOUNS

Replace the nouns in these sentences with an appropriate pronoun.

1. Il aime l'histoire.
2. J'ai fait mon travail.
3. Je vais au collège.
4. J'ai beaucoup de devoirs.
5. Le professeur donne le travail à l'élève.

> An object pronoun replaces a noun that is the object of a sentence – pronouns can be quite confusing so it's important to revise them. See page 214.

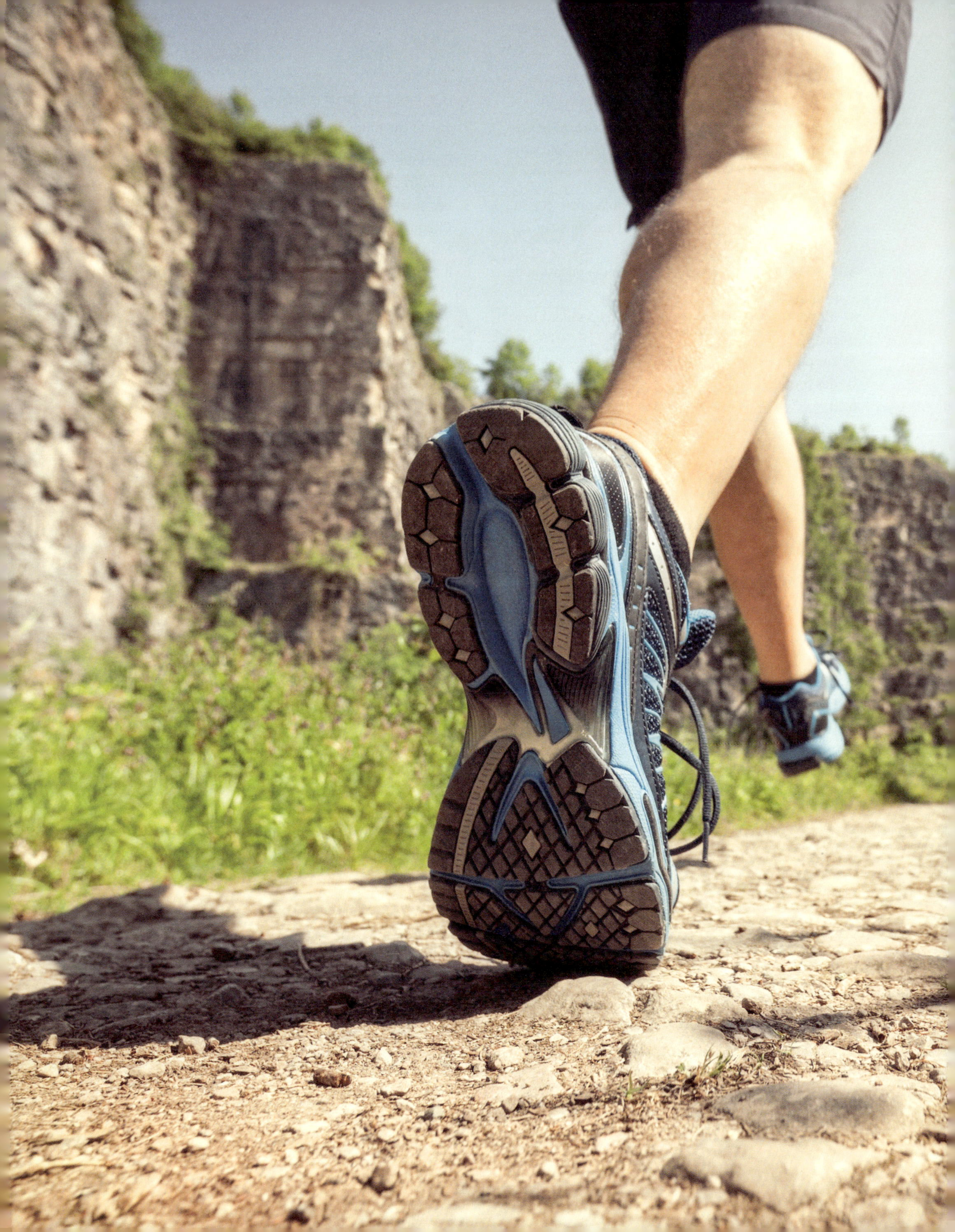

THEME: IDENTITY AND CULTURE

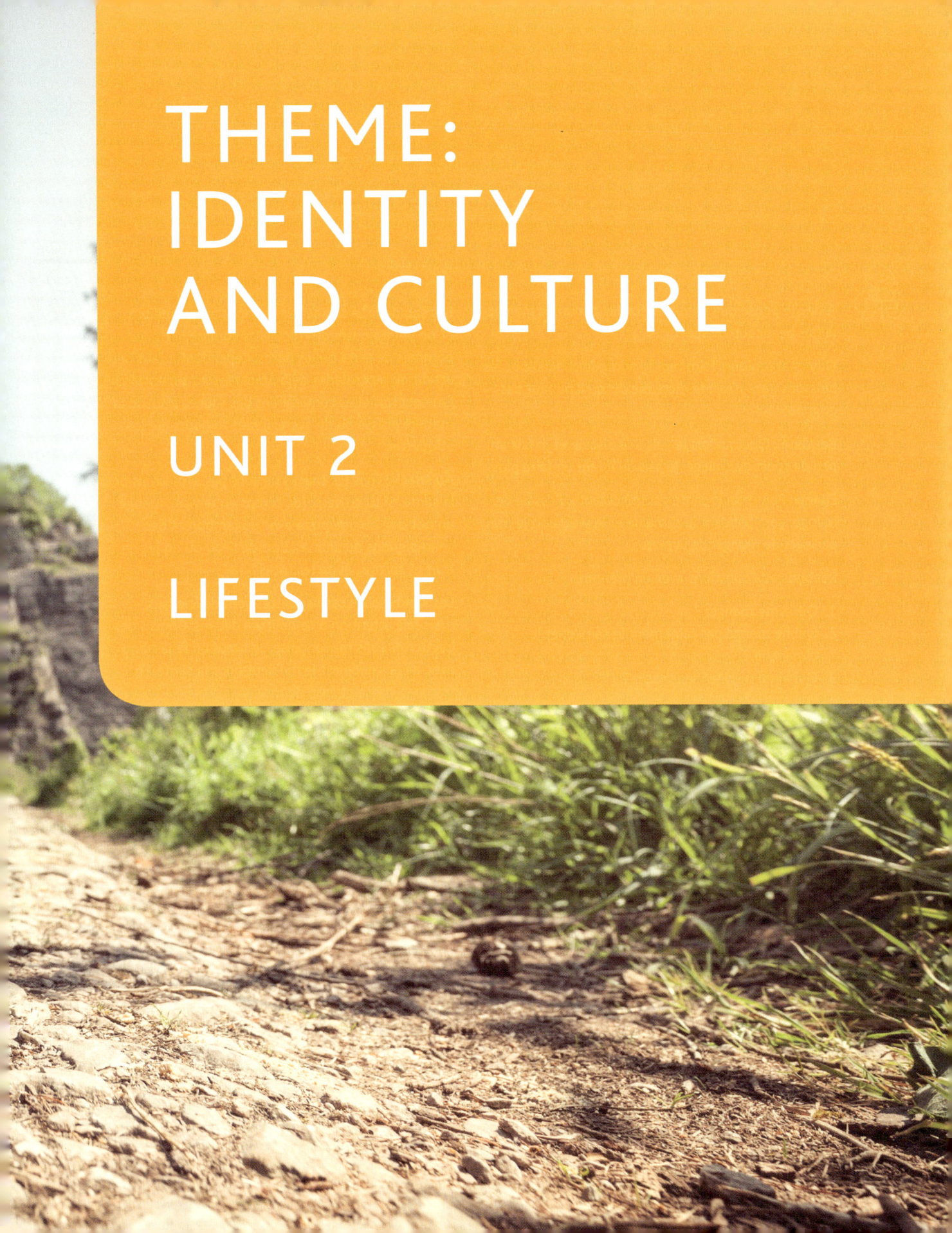

UNIT 2

LIFESTYLE

4A HEALTH AND FITNESS (1)

READING

Lis ce que ces quatre jeunes disent de leur santé.

Julie : Je pense que je suis en forme. Je mange bien et je fais beaucoup de sport.

Guy : J'ai toujours faim moi ! J'adore le chocolat et les boissons gazeuses. Ma mère me dit qu'il ne faut pas grignoter !

Baptiste : Quelquefois je vais à la piscine et je fais un peu de sport au collège. Je sais qu'il faut en faire plus.

Eliane : Pour moi la santé est importante. J'essaie de manger sain pendant la semaine et le weekend je me permets de manger de la pizza.

Réponds aux questions avec un prénom.

1. Qui aime manger ?
2. Qui ne mange pas sainement le samedi et le dimanche ?
3. Qui aime manger des snacks ?
4. Qui est le/la plus sportif/sportive ?
5. Qui mange le moins bien ?
6. Qui aime nager ?

EXTRA

Find the French for:
- I am always hungry
- I try to eat healthily
- I am in shape
- To snack
- I know I need to do more

READING

Read the three healthy lunchtime choices below. Choose the five correct sentences.

Les salades : La salade est un repas bien équilibré et on peut ajouter des féculents comme le riz, les pommes de terre ou les pâtes. Cependant il faut faire attention aux salades déjà préparées au supermarché. Quelquefois elles contiennent des sauces avec de la matière grasse ou du sucre. Il faut toujours lire les étiquettes.

Au snack : Tous les snacks ne sont pas si mauvais pour la santé. Si tu en veux (de temps en temps), mange un hot dog ou une pizza avec du jambon et des champignons ou ananas. Bois de l'eau ou un jus de fruit et surtout évite les frites !

Les sandwichs : Les baguettes sont délicieuses, mais fais attention à ce qu'il y a dedans. Choisis des baguettes sans mayonnaise. Le bœuf ou le jambon avec de la salade est le meilleur pour la santé. Le fromage contient trop de matière grasse.

1. Hot dogs are sometimes a healthier choice of snack.
2. You can eat chips twice a week.
3. Cheese sandwiches are a healthy option.
4. Eat pizza with vegetables on.
5. Avoid fruit juice.
6. Be careful of supermarket salads.
7. You can add potato to a salad.
8. Sauces can contain sugar.
9. All snacks are bad for your health.
10. Sauces can contain vitamins.

WRITING

Écris au moins une phrase au sujet des points suivants:
- Ce que tu aimes manger et pourquoi
- Ce que tu n'aimes pas manger et pourquoi
- Ce que tu as mangé hier
- Ce que tu vas manger ce soir

SPEAKING

Photo card

- Décris cette photo/Qu'est-ce qui se passe sur cette photo ?
- Manges-tu sainement ? Pourquoi (pas) ?
- La nourriture à la cantine est bonne pour la santé. Es-tu d'accord ?
- Qu'est-ce que tu as fait hier pour garder la forme ?
- Que ferais-tu pour améliorer ta santé ?

LISTENING

Listen to the news report on French eating habits. Answer the questions in English.

1. What is the average amount of time spent eating per person per day?
2. What types of meals do the majority of French people eat?
3. How many French people eat lunch at 1pm?
4. What percentage of people eat in front of the television?
5. What age are the main group who watch television whilst eating?
6. What else do French people like to do whilst eating?

GRAMMAR

Demonstrative adjectives

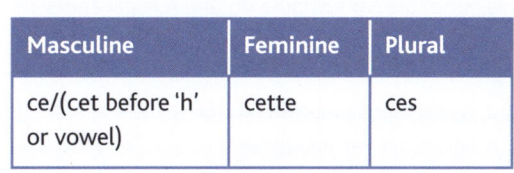

Masculine	Feminine	Plural
ce/(cet before 'h' or vowel)	cette	ces

'Ce/cet/cette/ces' are translated into English as 'this/that/these/those' e.g.

- ce snack – this/that snack
- cet ananas – this/that pineapple
- cette boisson – this/that drink
- ces pizzas – these/those pizzas

See page 212.

4A HEALTH AND FITNESS (2)

READING

Read this questionnaire from a book about diets, *Le nouveau régime*. Answer the questions in English.

1. Quel est le type de riz que vous consommez le plus souvent ?
   a. riz blanc cuisson rapide
   b. riz blanc cuisson normale
   c. riz semi-complet
   d. riz basmati ou complet
2. Vous mangez des pommes de terre en purée, frites ou chips...
   a. plus de deux fois par semaine
   b. une à deux fois par semaine
   c. deux fois par semaine
   d. jamais
3. Vous buvez du soda ou des boissons aux fruits...
   a. tous les jours
   b. trois à quatre fois par semaine
   c. deux fois par semaine
   d. une fois par semaine ou moins
4. Vous mangez des barres chocolatées ou des pâtisseries....
   a. tous les jours
   b. trois à quatre fois par semaine
   c. deux fois par semaine
   d. une fois par semaine ou une fois par mois

Which answer would you choose …

1. if you wanted fast-cooked rice?
2. if you never eat potatoes?
3. if you eat chocolate every day?
4. if you have fizzy drinks twice a week?
5. if you eat a potato-based product every day?
6. if you eat pastries once a month?
7. if you drink fruit juice once a week?

READING

Lis l'information au sujet du footballeur Dimitri Payet et remplis les blancs.

Après le match (1) _____ la France et les Pays Bas, le footballeur Dimitri Payet a (2) _____ aux questions suivantes.

Q : Comment s'est passé la semaine (3) _____ ?

Dimitri : J'ai passé une très bonne semaine et me suis bien (4) _____. Le match entre la France et Les Pays Bas s'est bien passé. On a gagné trois-deux.

Q : Est-ce que c'était ton meilleur match ?

Dimitri : C'était un des meilleurs de ma (5) _____ ! Le match était varié et la France a été en bonne forme.

Q : Que fais-tu pour (6) _____ la forme ?

Dimitri : À part du sport et l'entraînement. Je (7) _____ bien au moins neuf heures par nuit. Je mange (8) _____ de fruits, de légumes, de féculents et des protéines.

beaucoup	entraîné	répondait
dernier	entre	répondu
dernière	garder	vie
dors	garer	voyage
dormir	manger	
en face	mal	

SPEAKING

Role play
- Say what you do to keep fit
- Ask your friend what their favourite sport is
- Say what you think about fast food and why
- Say what you ate yesterday to be healthy
- Ask your friend what they normally eat for breakfast
- Say what you will do next week to keep fit

WRITING

Translate the following into French:

I love sailing and I am in the French Olympic team. I am in very good health and I eat a lot of fruit and vegetables. I never eat fast food. I don't drink alcohol and I don't smoke. I go to bed early. This year I would like to win a gold medal at the Olympic Games. Therefore, it is really important for me to keep fit.

LISTENING

Listen to this advert. Answer the questions in English.

1. What is the advert for?
2. Where is it located?
3. What are the opening hours?
4. What facilities are there?
5. What happens in July?
6. What are the costs?
7. What is the contact phone number?

GRAMMAR

Present tense reflexive verbs

e.g. Se coucher – to go to bed

- je me couche – I go to bed
- tu te couches – you go to bed (singular)
- il/elle se couche – he/she goes to bed
- nous nous couchons – we go to bed
- vous vous couchez – you go to bed (singular polite or plural)
- ils/elles se couchent – they go to bed

See page 226.

4A HEALTH AND FITNESS (3)

READING

Read the newspaper article. Complete the gaps in English.

La consommation d'alcool diminue en ce moment en France. Aujourd'hui sept pourcent des adultes ne boivent pas du tout. Quinze pourcent boivent tous les jours. Plus d'hommes boivent de l'alcool que de femmes.

Le chiffre le plus choquant est parmi les jeunes. Quatre-vingt pourcent des jeunes de dix-sept ans boivent souvent. Les bières sont les plus consommées. La recommandation est de ne pas boire plus de trois verres par jour pour les hommes et deux verres par jour pour les femmes.

1. Consumption of alcohol is going _____ in France.
2. _____ % of adults don't drink at all.
3. _____ men drink alcohol than women.
4. The figure is more shocking amongst _____.
5. _____-year-olds drink often.
6. Men should drink no more than _____ a day.

READING

Read the article. Choose the four false statements.

Les jeunes sont moins sensibles aux effets de l'alcool. C'est pourquoi ils pensent que ce n'est pas un problème de boire un peu trop.

Les drogues aussi sont un problème dans toute la société. Quand on consomme de l'alcool en même temps que de prendre du cannabis, le risque mortel est énorme !

En plus des problèmes physiques tels que le risque d'avoir une crise cardiaque, il existe d'autres problèmes médicaux tels que l'anxiété et la dépression. En plus il y a des problèmes tels que la diminution de la mémorisation à longue terme.

Aujourd'hui c'est « le binge drinking » qui est tendance parmi les jeunes et non parmi les adultes. En France, la moitié des jeunes ont déjà pratiqué « le binge drinking ».

Le gouvernement encourage les écoles à éduquer les jeunes au sujet de la consommation d'alcool et de drogues. Cependant, c'est la famille qui a plus d'influence en ce qui concerne les attitudes envers ces problèmes.

1. Les jeunes boivent beaucoup d'alcool.
2. Ce ne sont que les drogues qui posent un problème parmi les jeunes.
3. On peut mourir si on boit trop d'alcool et fume du cannabis.
4. Si on boit trop d'alcool on peut avoir une bonne mémoire.
5. Les adultes boivent moins que les jeunes.
6. Cinquante pourcent des jeunes ont fait « le binge drinking ».
7. Le gouvernement doit aider les jeunes à consommer moins d'alcool.
8. Les collèges ont plus d'influence que les familles.

SPEAKING

Conversation
- Quel est ton sport préféré ? Pourquoi ?
- Est-ce que tu mènes une vie saine ? Pourquoi (pas) ?
- Est-ce que tu aimes la nourriture saine ? Pourquoi (pas) ?
- Qu'est-ce que tu as fait la semaine dernière pour garder la forme ?
- Penses-tu que l'obésité est un grand problème de nos jours ? Pourquoi (pas) ?
- Est-ce que les jeunes devraient faire plus de sports ?

EXTRA

Translate the correct sentences into English.

LIFESTYLE | **83**

LISTENING

Écoute ce reportage au sujet de la santé des Français. Réponds aux questions en français.

1. Selon le reportage, quel est le problème ?
2. Combien de femmes ont des kilos en trop ?
3. Quelles sont les deux causes majeures de l'obésité ?
4. Quelles sortes de produits est-ce qu'il ne faut pas manger ?
5. Si on veut faire du shopping, qu'est-ce qu'il faut faire ?
6. Combien de cuillères de sucre un verre de cola contient-il ?

GRAMMAR

Relative pronouns
- qui – who, which (subject)
- que – whom, that (object)

e.g.

- Voici les produits qui sont sains – Here are the products which are healthy
- Voici les produits bios que vous cherchez – Here are the organic foods that you are looking for

- ce qui – that which (subject)/what
- ce que – that which (object)/what

e.g.

- Dis-moi ce qui est arrivé – Tell me what has happened
- Dis-moi ce que le médecin a dit – Tell me what the doctor said

See page 215 of the grammar section for more information.

WRITING

Écris un article en français au sujet des jeunes et la santé. Donne tes opinions et justifie tes raisons sur :
- L'importance de manger sainement
- Les aspects positifs du sport
- Ce que tu vas faire pour améliorer ta santé

READING

Translate this paragraph into English:

L'aquagym est un bon exercice pour garder la forme. On fait de l'exercice dans l'eau. C'est un bon sport pour le matin. L'aquagym est bonne pour l'esprit et le physique. Tout le monde peut la faire à la piscine près de chez soi.

4A HEALTH AND FITNESS VOCABULARY GLOSSARY

l'aide	help
l'alcool	alcohol
avoir chaud	to be hot
avoir froid	to be cold
avoir mal à	to have an ache
blessé	injured
une blessure	an injury
en bonne santé	healthy
un cabinet médical	a surgery
un cachet	a tablet
cassé	broken
casser	to break
un comprimé	a pill
le coup de soleil	sunburn
la dépendance	addiction
la douleur	pain
les drogues	drugs
enrhumé	full of cold
essoufflé	breathless
faible	weak
fatigué	tired
la fièvre	fever
en forme	fit
fort	strong
fumer	to smoke
garder la forme	to keep fit
la grippe	flu
guérir	to recover
la guérison	recovery
malade	ill
une maladie	a disease
le médicament	medicine

mort	dead
mourir	to die
l'ordonnance	prescription
perdre du poids	to lose weight
le piqure	sting
propre	clean
un régime	a diet
un rendez-vous	an appointment
reposer	to rest
un rhume	a cold
saigner	to bleed
le sang	blood
la santé	health
se faire mal	to injure oneself
souffrir	to suffer
le sparadrap	plaster tape
le tabagisme	smoking
tomber	to fall
tordre	to sprain
le traitement	treatment
traiter	to treat
vacciner	to vaccinate
vomir	to vomit

la bouche	mouth
le bras	arm
le corps	body
le cou	neck
la dent	tooth
le doigt	finger
le dos	back
l'épaule	shoulder
l'estomac	stomach
le genou	knee
la gorge	throat
la jambe	leg
la main	hand
le nez	nose

l'œil	eye
l'oreille	ear
le pied	foot
la tête	head
le ventre	stomach
les yeux	eyes
l'aérobic	aerobics
aller au gymnase	to go to the gym
le cyclisme	cycling
dedans	inside
dehors	outside
une équipe	a team
l'équitation	horse riding
l'escalade	climbing
faire une balade	to go for a walk
grimper	to climb
nager	to swim
la natation	swimming
la pêche	fishing
le ping pong	table tennis
la planche à voile	wind surfing
la plongée	diving
se promener	to go for a walk
le roller	roller blading
le skate	skateboarding
le ski nautique	water skiing
le vélo	cycling
la voile	sailing
le VTT	mountain biking

LIFESTYLE | **87**

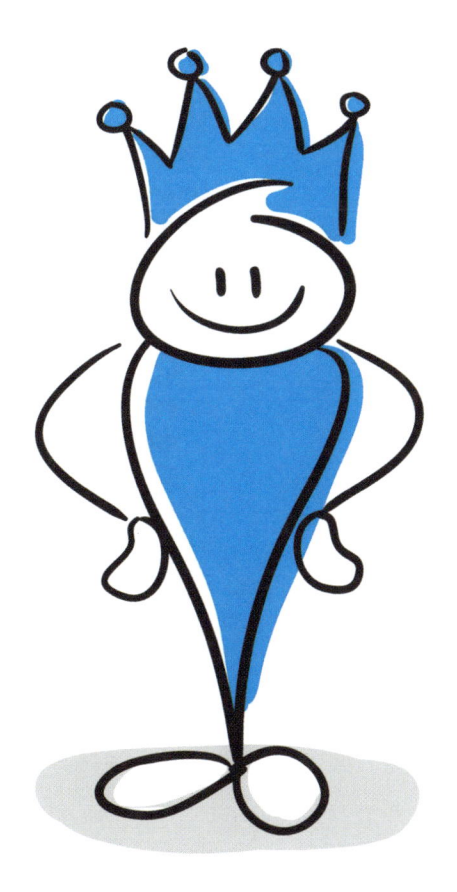

4B ENTERTAINMENT AND LEISURE (1)

READING

Read what the people say. What are they discussing?

Pierre : Je n'aime pas jouer seul. Je préfère quand je joue avec mes amis. Les compétitions sont les plus excitantes et je m'amuse bien.

Émilie : Pour moi c'est toujours le football. Je suis fan de la FIFA et mes parents m'achètent le jeu chaque année pour mon anniversaire. Puis le reste de l'année ils se plaignent que je passe trop de temps au jeu !

Lila : Je suis accro aux jeux. Je joue souvent avec mes amis. Nous avons tous un casque micro et avec cela on peut discuter en même temps.

Jerôme : Je joue pour me reposer. Je joue souvent avec mes copains en faisant des compétitions. Je joue souvent pendant la nuit quand mes parents pensent que je dors !

Who do you think would say the following? Pierre, Émilie, Lila or Jerôme? There may be more than one answer.

1. I play to relax.
2. I am addicted to games.
3. I love the football games.
4. I play with my friends.
5. My parents always moan at me.
6. Competing is the best.
7. It's stimulating.
8. I always have one on my birthday.
9. I play it live.
10. I play it at night.

READING

Read the following film review of *The Great Gatsby*. Summarise the plot, the characters mentioned and the opinion in English.

Synopsis : Printemps 1922. C'est l'époque du jazz et des contrebandiers d'alcool… Apprenti écrivain, Nick Carraway quitte la région du Middle-West pour s'installer à New York. Il voulait vivre le rêve américain, sa vie est entourée d'un mystérieux millionnaire, Jay Gatsby, qui donne de grandes fêtes. Nick se retrouve au cœur du monde fascinant des milliardaires, de leurs illusions et de leurs amours. Il se met à écrire une histoire au sujet des amours impossibles, des rêves et des tragédies. Le film est captivant et romantique. Aujourd'hui l'histoire est un peu comme un miroir qui reflète notre époque moderne.

Casting

Jay Gatsby	Leonardo DiCaprio
Daisy Buchanan	Carey Mulligan
Nick Carraway	Tobey Maguire
Jordan Baker	Elizabeth Debicki

LISTENING

Écoute cette interview avec Lucas qui est accro aux jeux vidéo. Réponds aux questions en français.

1. Qu'est-ce que Lucas utilise quand il joue aux jeux vidéo ?
2. Quel est le problème au collège ?
3. Lucas n'a pas assez de temps pour faire quoi ?
4. Qui peut aider Lucas ?
5. Comment peuvent-ils l'aider ?

LIFESTYLE | **89**

WRITING

Écris au moins une phrase pour chaque sujet.
- Ton passe-temps préféré
- Ton film préféré
- Ta musique préférée
- Ton opinion des jeux vidéo
- Les émissions de télé que tu as vues le weekend dernier

EXTRA

Donne tes opinions et des raisons pour tes choix.

SPEAKING

Photo card
- Décris cette photo/Qu'est-ce qui se passe sur cette photo ?
- Aimes-tu les jeux vidéo ? Pourquoi (pas) ?
- Je pense que les passe-temps sont vraiment importants. Es-tu d'accord ?
- Qu'est-ce que tu as fait pendant ton temps libre la semaine dernière ?
- Comment serait ton weekend idéal ?

GRAMMAR

Conjunctions

Here is a list of the most commonly used conjunctions in French:

- car – for (because)
- comme – as
- depuis (que) – since (time)
- donc – so
- lorsque, quand – when
- parce que – because
- puisque – since (reason)
- pendant que – during, while
- tandis que – while, whilst

e.g.

- Fais comme tu veux ! Do as you like !
- Il a beaucoup joué au football puisqu'il a voulu être footballeur professionnel. He had played a lot of football since he wanted to be a professional footballer.

4B ENTERTAINMENT AND LEISURE (2)

READING

Lis le quiz d'un article du magazine.

1. Tu es au marché. Qu'est-ce que tu achètes ?
   a. Un tee-shirt avec un message en LED
   b. Des lunettes drôles
   c. Un tatouage
   d. Des ballons
2. Quelle carte postale achètes-tu pour ton ami(e) ?
   a. Une carte avec un dessin animé
   b. Une carte avec une vue de la plage
   c. Une carte d'un monument historique
   d. Tu n'achètes pas de cartes. Tu envoies des selfies
3. Tu achètes des chaussures. Lesquelles choisis-tu ?
   a. Une paire de baskets Nike
   b. Des bottes blanches à la mode
   c. Des sandales chics
   d. Des chaussures pour danser
4. Pour la rentrée tu achètes du matériel scolaire. Est-ce que tu…
   a. l'achètes la veille de la rentrée ?
   b. planifies en avance ?
   c. vas au supermarché avec un parent ?
   d. demandes à tes parents de l'acheter ?

Choisis le bon numéro et la lettre. Quelle réponse choisis-tu si…

1. Tu veux acheter quelque chose pour jouer avec ?
2. Tu aimes les marques ?
3. Tu utilises ton portable ?
4. Tu es organisé ?
5. Tu aimes rigoler ?
6. Tu es paresseux ?
7. Tu veux acheter quelque chose pour l'été ?
8. Tu aimes la culture ?

READING

Read the following adverts for two different restaurants. Complete the table for each restaurant in English.

Restaurant Gaudi : Viens au Restaurant Gaudi qui se trouve en face de la gare. C'est le seul restaurant espagnol en ville. Le menu du jour est à vingt-cinq euros, boisson comprise. Le service n'est pas compris. Le plat du jour est l'omelette aux pommes de terre avec salade. Nous sommes ouverts tous les soirs sauf le mardi.

La Strada : Pizzeria italienne authentique avec four à bois. Restaurant de famille avec terrasse. On offre aussi les spaghettis, la viande et le poisson. Le plat du jour est la pizza saumon. Le menu du jour est à trente euros. Viens nous voir au centre ville, près de la Poste. Le service est compris. On offre aux clients qui arrivent avant vingt heures un verre de vin gratuit et pour les petits un jus de fruit. Nous sommes fermés le lundi.

	Restaurant Gaudi	La Strada
Location		
Nationality		
Dish of the day		
Drinks		
Service included?		
Day closed		
Cost of menu of the day		

READING

Translate the following paragraph into English:

Il est difficile quand je sors au restaurant avec mes amis. Je suis végétarienne et je suis allergique aux poissons ! Je n'aime pas les boissons gazeuses. Si je choisis un repas au restaurant, je dois demander toujours les ingrédients. Heureusement que j'adore le chocolat et les fruits, donc les desserts ne posent pas de problèmes pour moi !

SPEAKING

Role play
- Say what type of music you like
- Ask your friend what television programmes they like
- Say what is your favourite film and why
- Ask your friend what their hobbies are
- Say what you did last week in your free time
- Say what you would do in your ideal weekend

WRITING

Translate these sentences into French:
1. I spend more money when I go out with my friend.
2. Next week I am going to the cinema with my sister.
3. What is your favourite hobby?
4. I am allergic to cheese.
5. I can't go out tonight because I have too much homework.

LISTENING

Listen to the voice-mail from Claire and complete the gaps below in English.
1. I would like to leave a _____ for Angie.
2. The film starts at _____.
3. We can meet at the _____.
4. My _____ will take us home.
5. Sylvie isn't coming because _____.
6. Charlotte isn't coming because _____.

GRAMMAR

The present participle

The present participle is normally made by adding **-ant** to the stem of the present tense of **nous**.

Present of 'nous'	Present participle	English
nous allons	allant	going
nous regardons	regardant	looking/watching
nous disons	disant	saying

There are some also irregular ones:

Present of 'nous'	Present participle	English
nous avons	ayant	having
nous sommes	étant	being
nous savons	sachant	knowing

Present participles should be used in the following way, using **en** e.g. Il est rentré du match en chantant (He went home from the match **singing**).

See page 226 of the grammar section for more information.

4B ENTERTAINMENT AND LEISURE (3)

READING

Read the extract adapted from the short story *Max et Ninon* by Lilias Nord and then answer the questions in English.

Max propose des jeux différents à sa sœur, mais à chaque fois, c'est : non. Jouer à chat : non. À cache – cache : non, non et non.

« Tu préfères jouer aux sept familles ? »

« Pas vraiment. »

« Aux petits chevaux ? »

« Mais non ! »

Max se concentre pour chercher une bonne idée.

« Si tu joues avec moi, je rangerai ta chambre toute la semaine ! »

« Bon, d'accord. Tu as gagné ! »

« Ah non, je crois que j'ai perdu ! »

1. What does Max want his sister to do?
2. What ideas does he come up with?
3. What does Max's sister think?
4. What does Max say he will do for her?
5. How long will Max do this for?

SPEAKING

Conversation
- Qu'est-ce que tu aimes faire quand tu as du temps libre ?
- Quelle est ton émission préférée ?
- Que préfères-tu ? Un bon film ou un bon livre ? Pourquoi ?
- Décris le dernier film que tu as vu.
- Que feras-tu ce weekend ?
- Quelle est l'importance du temps libre ?

READING

Lis le texte d'un site web au sujet du temps libre. Trouve les cinq phrases vraies.

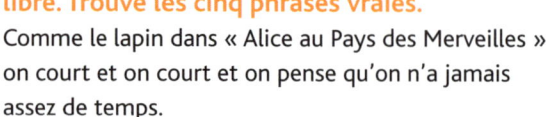

Comme le lapin dans « Alice au Pays des Merveilles » on court et on court et on pense qu'on n'a jamais assez de temps.

Où sont allées les heures ? Voici quelques statistiques :

Les Français ont quatre heures cinquante-huit minutes de temps libre par jour. Ils passent cinquante pourcent de ce temps libre devant la télé.

Peut-être qu'on n'utilise pas bien notre temps libre.

Voici des histoires typiques :

Je m'appelle Sandrine, j'ai trente-cinq ans et je suis coiffeuse. Je ne suis pas mariée et j'ai deux enfants. Je n'ai jamais de temps libre et je suis toujours fatiguée. Le matin j'aide les enfants à s'habiller, on sort puis je vais au boulot. Le soir c'est le dîner, le bain et je les couche. Le lendemain, c'est la même chose.

1. On a beaucoup de temps libre.
2. On croit qu'on n'a pas assez de temps libre.
3. 58% des Français passent la moitié de leur temps à regarder une émission.
4. Les Français ont 4h58 pour les loisirs.
5. Sandrine a 36 ans.
6. Sandrine coupe les cheveux au travail.
7. Elle est un peu fatiguée.
8. Le matin elle s'habille avant les enfants.
9. Tous les jours sont les mêmes.
10. Le soir elle met ses enfants au lit.

EXTRA

Translate the five correct sentences into English.

GRAMMAR

Tenses with *si*

Check the following rule of extended sentences with **si**:

- **si + present** tense (future) e.g. S'il arrive, je te le dirai (If he arrives, I will tell you)
- **si + imperfect** tense (conditional) e.g. Si nous venions, je te téléphonerais (If we were to come, I would telephone you)

LISTENING

Listen to the radio article about a new music band. Answer the questions in English.

1. What is TICTAC?
2. What is their average age?
3. When do they meet?
4. What will they be doing this year in Brittany?
5. How many boys are there?
6. What are they going to do next week?

WRITING

Écris un mail à ton ami(e) au sujet de tes passe-temps. Inclus les points suivants.

- Tes passe-temps
- Tes activités de la semaine dernière
- Ce que tu vas faire le weekend prochain
- Tes opinions sur tes passe-temps

4B ENTERTAINMENT AND LEISURE VOCABULARY GLOSSARY

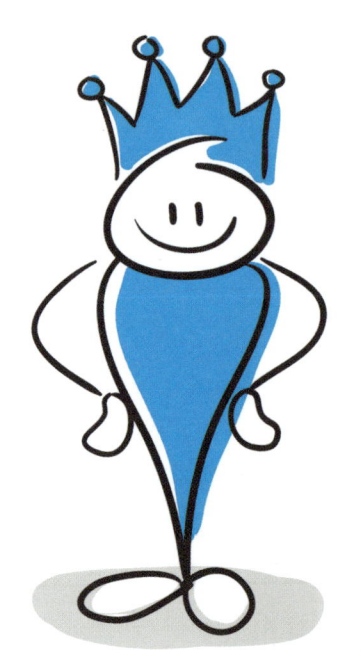

acheter	to buy
adorer	to love
aimer	to like
aller	to go
avoir lieu	to take place
chanter	to sing
collectionner	to collect
commencer	to begin
coûter	to cost
dépenser	to spend
détester	to hate
dire	to say
écouter	to listen to
entendre	to hear
faire des courses	to go shopping
faire partie d'une équipe	to be a member of a team
faire une promenade	to go for a walk
gagner	to earn/win
lire	to read
penser	to think
pratiquer	to practise
regarder	to watch
rencontrer	to meet
s'amuser	to enjoy oneself
s'ennuyer	to get bored
s'entraîner	to train
sortir	to go out
vendre	to sell

la causerie	chat show
une chaîne	a channel
un dessin animé	a cartoon
un documentaire	a documentary
un écran	a screen
une émission	a programme
une émission de sport	a sports programme
un feuilleton	a soap opera
un film d'amour	a love film
un film de guerre	a war film
un film d'épouvante	a horror film
un film policier	a police film
le cinéma	the cinema
les infos/les actualités/le journal	the news
un jeu télévisé	a game show
la météo	the weather
le petit écran	the television
un policier	a detective story
une publicité	an advert
une séries médicale	a medical series
une séries policière	a police series
sous-titré	subtitled
la télé réalité	reality TV
un téléviseur	a TV
le temps libre	free time

un acteur	an actor
une actrice	an actress
un appareil-photo	a camera
l'argent	money
l'argent de poche	pocket money
l'aventure	adventure
un baladeur	a music player
une bande dessinée	a comic strip
une boum	a party
un cadeau	a present
un centre commercial	a shopping centre
une chanson	a song

un chanteur	a singer
un club de jeunes	a youth club
le divertissement	entertainment
les échecs	chess
hebdomadaire	weekly
un jeu	a quiz show
un jeu de société	a board game
un jeu vidéo	a video game
un journal	a newspaper
un livre	a book
mensuel	monthly
un ordinateur	a computer
une pièce	a play
un portable	a mobile phone
quotidien	daily
un roman	a novel
un timbre	a stamp
une vedette	a star
un vendeur	a salesperson

4A HEALTH AND FITNESS

4B ENTERTAINMENT AND LEISURE

GRAMMAR IN CONTEXT

1. DEMONSTRATIVE ADJECTIVES
Write the French for:

1. This sport
2. Those girls
3. That person
4. These men

'Ce/cet/cette/ces' are translated into English as 'this/that/these/those'.

2. PRESENT TENSE REFLEXIVE VERBS
Put these phrases into the present tense in French.

1. Vous (**se coucher**)
2. Nous (**se lever**)
3. Je (**s'habiller**)
4. Ils (**se laver**)

Remember that reflexive verbs need a reflexive pronoun.

3. RELATIVE PRONOUNS
Complete the sentence with **qui** or **que**.

1. J'ai acheté une montre _____ ne marche pas.
2. Voici les chocolats _____ vous n'aimez pas.
3. Voici le document _____ vous avez voulu.
4. C'est le train _____ il a raté.
5. Dis-moi ce _____ je peux faire.

qui – who, which (subject)

que – whom, that (object)

ce qui – that which (subject)/what

ce que – that which (object)/what

4. CONJUNCTIONS
Write a sentence using each of the following conjunctions:

- car
- parce que
- tandis que

Remember to use conjunctions to join sentences together – see page 218.

5. THE PRESENT PARTICIPLE

Translate the following into French.

1. She went home crying.
2. They chatted whilst looking at the television.
3. Shouting, she called for her dad.
4. He saw his friends finishing the game.

> The present participle is normally made by adding **-ant** to the stem of the present tense of **nous**.

6. TENSES WITH *SI*

Translate the following into English.

1. Si je pouvais lui parler, je pourrais l'accompagner.
2. Si je venais, je pourrais t'aider.

Write three more *si* sentences.

> See page 230 to revise *si* sentences using the present and imperfect tense.

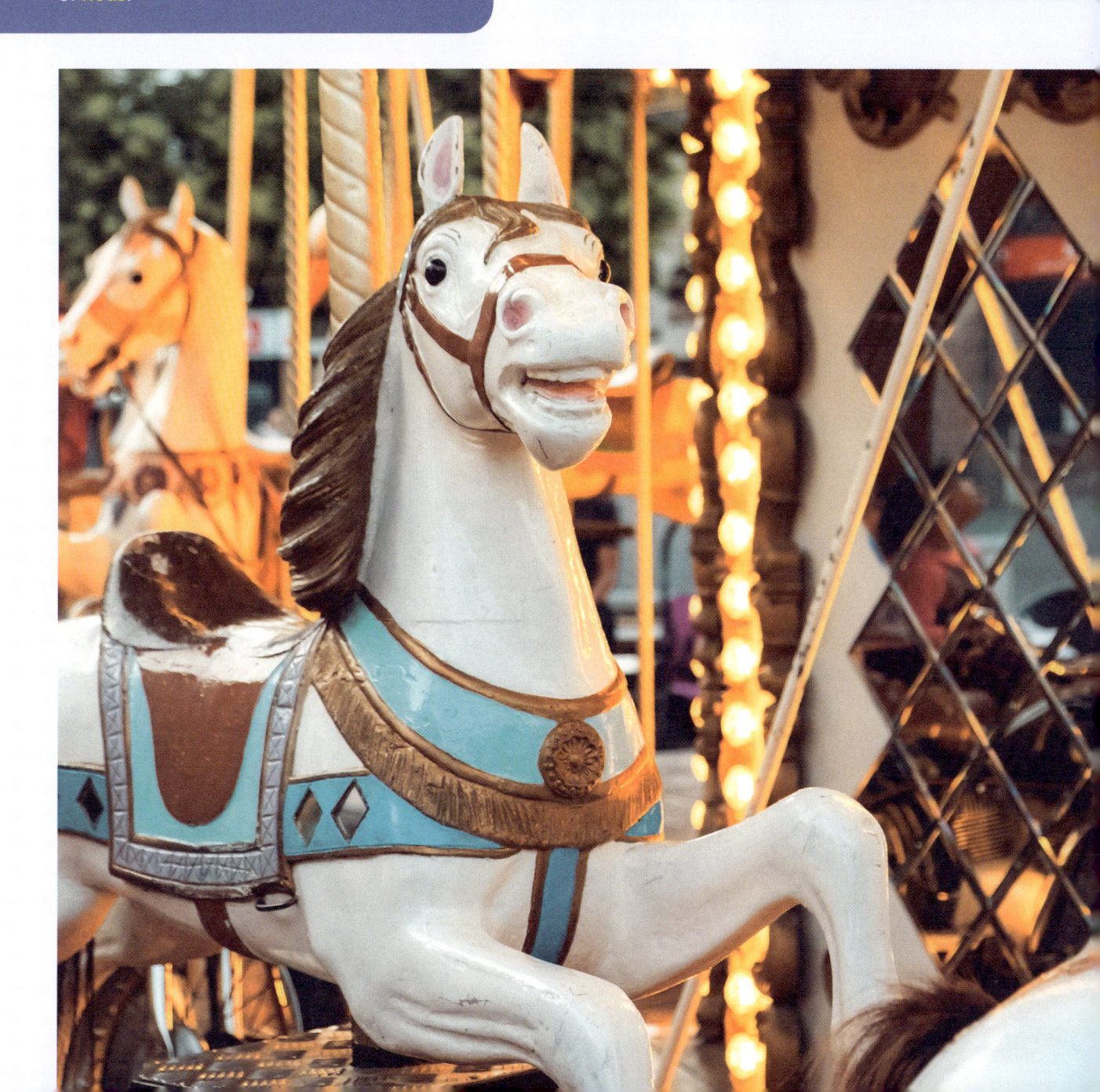

THEME: WALES AND THE WORLD – AREAS OF INTEREST

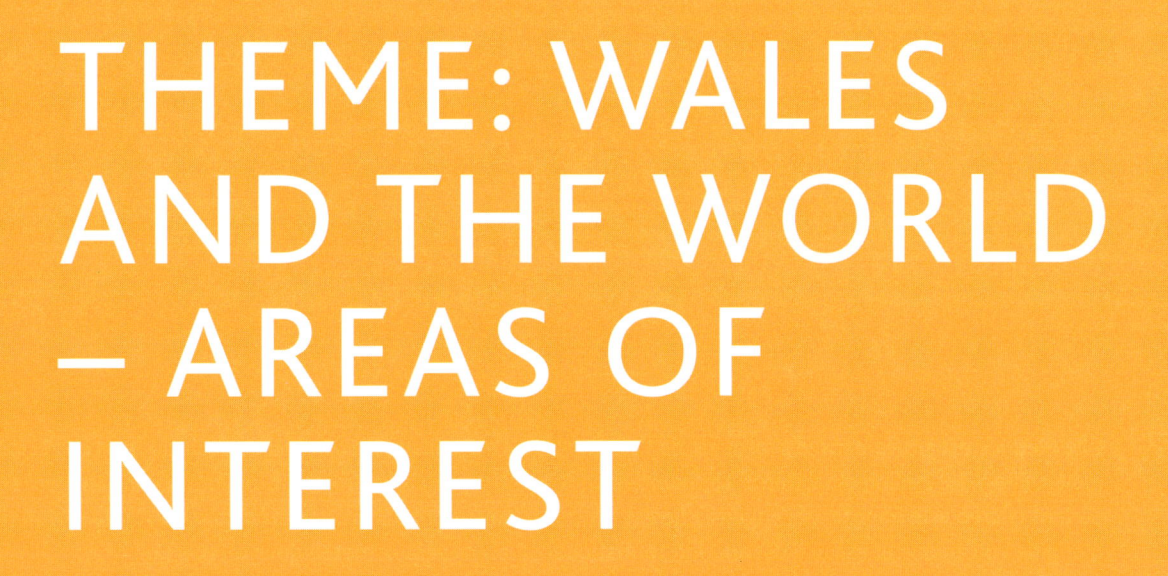

UNIT 2

THE WIDER WORLD

5A LOCAL AND REGIONAL FEATURES AND CHARACTERISTICS OF FRANCE AND FRENCH-SPEAKING COUNTRIES (1)

READING

Lis l'article au sujet de l'Île Maurice et réponds aux questions en français.

L'Île Maurice est située dans le sud-ouest de l'océan indien. Elle a 1,2 million d'habitants. Les habitants parlent le créole, le français et l'anglais. L'Île est d'origine volcanique et est une destination touristique avec de beaux paysages et de belles plages. Les agriculteurs cultivent la canne à sucre et le thé. Il fait beau toute l'année. De juin à septembre il fait vingt-cinq °C. Entre janvier et mars, il y a de fortes pluies et une température entre vingt-cinq à trente °C. De temps en temps il y a des orages.

1. Où se trouve L'Île Maurice ?
2. Combien de langues y parle-t-on ?
3. Décris L'Île Maurice.
4. Quels sont les produits principaux de l'Île ?
5. Quel température fait-il en juillet ?
6. Comment est le climat en février ?

READING

Read the following text about Quebec. Then decide which five statements are true.

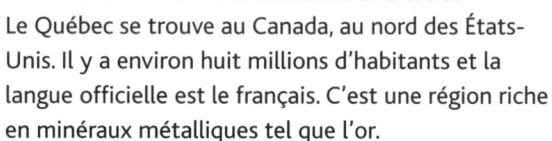

Le Québec se trouve au Canada, au nord des États-Unis. Il y a environ huit millions d'habitants et la langue officielle est le français. C'est une région riche en minéraux métalliques tel que l'or.

Le tourisme est très important pour la région et il y a beaucoup à voir si on aime la culture et l'histoire. La vie naturelle attire la plupart des visiteurs, telles que l'eau et les montagnes.

Le Québec accueille beaucoup de compétitions sportives et de festivals. La région est aussi célèbre pour la musique et les chanteurs tels que Céline Dion. Le monde du film est aussi important. L'architecture est intéressante et les maisons sont protégées contre le vent et le froid.

1. Quebec is in North America.
2. There are 8 million inhabitants.
3. French is spoken in Quebec.
4. Tourism isn't very important to the region.
5. Visitors like to go there to have history lessons.
6. Visitors like to go to the mountains.
7. Quebec is famous for music, festivals and sport.
8. Quebec is famous for its television stars.
9. Houses are built to withstand the rain.
10. Houses are protected against the wind and the cold.

EXTRA

Can you find the French for the following?

1. is found
2. about
3. a lot to see
4. attracts
5. welcomes
6. the world
7. against

LISTENING

Listen to the following information from Radio Auray. Complete the grid in English.

	Quiberon	Locmariaquer	Saint-Anne-d'Auray	Erdeven
Type of outing				
When?				
Cost?				
Who for?				

GRAMMAR

Weather verbs

Here are the main verbs used to describe the weather. In French, **il** is used to describe the weather e.g. il brille, il a neigé.

- briller – to shine
- geler – to freeze
- neiger – to snow
- pleuvoir – to rain
- tonner – to thunder

Apart from **pleuvoir**, all of these verbs are regular in the tenses we have met so far – the present, the near future, the future, the perfect, the imperfect and the conditional.

Here is **pleuvoir** in all the above tenses with **il**.

Present	Il pleut	It is raining
Near Future	Il va pleuvoir	It is going to rain
Future	Il pleuvra	It will rain
Perfect	Il a plu	It rained
Imperfect	Il pleuvait	It was raining
Conditional	Il pleuvrait	It would rain

Faire with an adjective is also frequently used to describe the weather. In this case, just follow the normal patterns for **faire** in each tense e.g.

- Il fait chaud – It is hot
- Il a fait beau – It has been fine
- Il faisait froid – It was cold

WRITING

Écris un paragraphe au sujet d'un pays que tu as visité. Inclus les détails suivants :

- Le climat
- Le paysage
- Les monuments et les attractions touristiques
- Tes opinions

SPEAKING

Conversation

- Où passes-tu tes vacances normalement ?
- Quel type d'hébergement aimes-tu pendant les vacances ?
- Qu'est-ce que les touristes peuvent visiter en France ou dans un pays francophone ?
- Qu'est-ce que tu as fait pendant les vacances l'année dernière ?
- Comment serait ta destination idéale ?
- Qu'aimerais-tu visiter en France ? Pourquoi ?

5A LOCAL AND REGIONAL FEATURES AND CHARACTERISTICS OF FRANCE AND FRENCH-SPEAKING COUNTRIES (2)

READING

Read the information about four of the top 20 French tourist attractions. Answer the questions in English.

Disneyland Paris est situé aux alentours de Paris. Il est la première destination touristique de la France. Le parc à thème est super pour les petits et les grands. Il est ouvert toute l'année. Les horaires d'ouverture varient selon la saison.

Le neuvième site touristique de la France est le **Parc Futuroscope** à Poitiers. C'est un parc à thème basé sur les multimédias et le cinéma. Si on réserve par téléphone et qu'on est une famille nombreuse, un visiteur handicapé ou un étudiant, on peut avoir une réduction de quinze pourcent.

L'Abbaye de Mont-Saint-Michel se trouve à la dix-septième place des attractions touristiques de la France. Elle est située sur un rocher dans la baie. L'église est à cent soixante-dix mètres au-dessus de la mer. On conseille une visite guidée.

En dix-neuvième place se trouve **le Château et musée des ducs de Bretagne**. Il est le plus ancien monument historique de Nantes. Construit par François II, le dernier duc de Bretagne, pour sa fille Anne. Le château est ouvert sept jours sur sept de dix heures à dix-neuf heures.

Which attraction …?

1. offers a discount.
2. is open all year.
3. was built for a family member.
4. closes at 7pm.
5. gives guided tours.
6. has different seasonal opening hours.
7. is the ninth top tourist attraction in France.
8. is the seventeenth top tourist attraction in France.

EXTRA
Write a short description of another tourist attraction in French.

SPEAKING

Photo card
- Décris cette photo/Qu'est-ce qui se passe sur cette photo ?
- Est-ce que tu aimes visiter les monuments historiques pendant tes vacances ? Pourquoi (pas) ?
- Il est important d'apprendre l'histoire d'une région quand on est en vacances. Es-tu d'accord ? Pourquoi (pas) ?
- Quels sites touristiques visiteras-tu l'année prochaine ?
- Penses-tu que les villes comme Paris sont plus populaires que les plages en France ? Pourquoi (pas) ?

WRITING

Écris un article au sujet d'une destination que tu voudrais visiter. Inclus les détails suivants :
- Où tu veux aller et pourquoi
- Les monuments touristiques que tu veux visiter
- Les activités que tu feras

THE WIDER WORLD | 105

READING

Read the text below which is adapted from the novel *Eugénie Grandet* by Honoré de Balzac. Answer the questions in English.

La première maison située à Saumur se trouve au bout de la Rue Montueuse et près du château. La rue n'était pas très fréquentée. La rue était chaude en été et froide en hiver. La ville était toujours propre et sèche. La plupart des maisons se trouvaient dans la vieille ville. Les maisons étaient solides et construites en bois. Il est difficile de passer devant ces maisons sans admirer les figures bizarres aux murs.

1. Give **two** details about the location of the first house in the town of Saumur.
2. Give **two** details about the street.
3. Give **two** details about the town.
4. Where were most of the houses found?
5. What were the houses like?
6. What was people's usual reaction to these houses?

GRAMMAR

Verbs followed by prepositions

Verbs in French can often be followed by an infinitive e.g.

- Je sais nager – I can swim
- Tu veux venir ? – Do you want to come?

Many need a preposition before the following infinitive e.g. J'ai commencé à jouer au badminton – I started to play badminton. Here are some of the common ones:

- aider à – to help to
- apprendre à – to learn to
- commencer à – to begin to
- continuer à – to continue
- décider à – to decide to do something
- inviter à – to invite to
- ressembler à – to resemble
- réussir à – to succeed in
- s'arrêter de – to stop (doing)
- avoir l'intention de – to intend to
- avoir peur de – to be afraid of (doing)
- avoir besoin de – to need to

See page 218 of the grammar section for some more examples.

LISTENING

Écoute ce reportage au sujet de la ville de Strasbourg. Choisis la bonne réponse.

1. Combien de temps est recommandé pour la visite de Strasbourg ?
   a. un mois
   b. une semaine
   c. un weekend
2. Avec qui faut-il y aller ?
   a. la famille
   b. les amis
   c. un groupe scolaire
3. Qu'est-ce qu'on peut visiter à Noël ?
   a. marché
   b. musée
   c. montagne
4. Qu'est-ce qu'il y a au centre-ville ?
   a. restaurants
   b. église
   c. cinéma
5. La ville est comment le soir ?
   a. tranquille
   b. animée
   c. calme
6. Combien de musées sont recommandés ?
   a. un
   b. deux
   c. trois
7. Qu'est-ce qu'il y a aux deux Rives ?
   a. musée
   b. cathédrale
   c. jardin
8. Quel autre pays est-ce qu'on peut visiter ?
   a. Autriche
   b. Australie
   c. Allemagne

READING

Translate the following into English:

Disneyland Paris a des statistiques intéressantes.

1. Les touristes mangent plus de quatre million d'hamburgers chaque année.
2. Le plus vieux touriste avait cent six ans.
3. Il y a plus de cent cinquante chefs.
4. On peut manger dans soixante-huit restaurants différents.
5. Cinq cent mille fleurs sont plantées chaque an.

5A LOCAL AND REGIONAL FEATURES AND CHARACTERISTICS OF FRANCE AND FRENCH-SPEAKING COUNTRIES (3)

READING

Read the following information about the town of Calvi in Corsica. Answer the questions in English.

Calvi est situé au nord-ouest de l'Île de Corse et se trouve entre la mer et la montagne. Les hivers sont doux et humides. En été il fait chaud et sec.

La citadelle de Calvi est une petite ville entre le passé et la modernité. Le nom Calvi est d'origine latine.

À Calvi il y a un ancien château médiéval. On peut y visiter deux belles églises et une cathédrale.

Cette ville est une station importante de tourisme et on peut arriver en bateau, en train ou en avion. Attention les avions sont petits !
Un résident célèbre qui est né à Calvi en mille quatre cent trente-six était Christophe Colomb.

1. In which part of the island can Calvi be found?
2. Give **two** details about its location.
3. What is the weather like in the summer?
4. What type of town is Calvi?
5. What can tourists visit?
6. How can you travel to Calvi?
7. When was Christopher Columbus born in Calvi?

LISTENING

Listen to the announcement for Le Stade de France. Answer the questions in English.

1. What **two** events can be seen at the stadium?
2. How long does a tour last?
3. When is the last tour?
4. What languages are used during the tour?
5. What day is the stadium closed?
6. What is happening to the stadium over the summer?
7. Will it affect the museum?

READING

Lis le dépliant sur le Château de Vayres. Trouve les cinq phrases vraies.

Le Château de Vayres, un des plus beaux monuments d'Aquitaine, se trouve entre Bordeaux et Saint-Émilion.

C'était un des châteaux du roi Henri IV. Il y a une dizaine de salles à visiter y compris le salon d' Henri IV. Les jardins sont spectaculaires et au centre on peut descendre le grand escalier jusqu'à la rivière.

Voici notre liste d'animations pour l'été :

- Vendredi dix-neuf juin sera le grand pique-nique. Il faut arriver à midi. Visite gratuite pour enfants et 5 € pour adulte.
- Le samedi vingt-cinq et dimanche vingt-six juillet venez visiter notre spectacle du Moyen Age. Il y aura des duels d'escrime, des chevaux à monter et un spectacle nocturne avec des feux d'artifices. Il y aura une visite par un mystérieux personnage ! Prix 15 €.
- Mardi quatre août, bal et spectacle nocturne. La réservation est obligatoire pour qu'on puisse commander le menu avec notre chef célèbre. Prix 22 €.

1. Le château est au centre de Bordeaux.
2. Henri IV habite aujourd'hui dans le château.
3. Henri IV y a habité il y a longtemps.
4. Il y a environ dix salles à visiter.
5. Il y a environ douze salles à visiter.
6. Les enfants doivent payer le repas pique-nique.
7. Il y aura un spectacle du Moyen Age un weekend en juillet.
8. Le 4 août on peut danser pendant la nuit.
9. On doit choisir le menu en avance pour le bal.
10. On ne peut pas faire de l'équitation en juillet.

EXTRA

Translate the true sentences into English.

THE WIDER WORLD | 107

SPEAKING

Role play
- Say where you normally go on holiday
- Say where you would like to visit in France and why
- Describe a tourist attraction that you visited on holiday
- Ask your friend a question about a tourist attraction in their area
- Ask for information about a tourist attraction at a tourist office
- Say what sort of monuments you usually like visiting on holiday

WRITING

Translate the following into French:
The castle built in 1325 is a very popular tourist destination. It is open every day except Tuesday. I went to the museum yesterday and it was really interesting. Tomorrow I am going shopping.

GRAMMAR

The subjunctive
You will only need to recognise this tense at Higher level for GCSE. This is how it is formed.

Use the third person plural from the present tense e.g.

Third person plural present	Subjunctive for first person singular
Ils donnent	Je donne
Ils finissent	Je finisse
Ils vendent	Je vende

The endings for the subjunctive are **-e, -es, -e, -ions, -iez, -ent**.

See the grammar section page 231 for more information.

5A LOCAL AND REGIONAL FEATURES AND CHARACTERISTICS OF FRANCE AND FRENCH-SPEAKING COUNTRIES VOCABULARY GLOSSARY

à l'intérieur	inside
au bord de la mer	by the sea
ancien	old
animé	lively
un arbre	a tree
un bois	a wood
bruit	noise
bruyant	noisy
calme	peaceful
la campagne	the countryside
la chaîne de montagnes	a range of mountains
un champ	a field
chauffé	heated
un chemin	a path
une colline	a hill
une commune	a community
construit	built
dedans	inside
dehors	outside
un endroit	an area
l'est	the east
une falaise	a cliff
fermé	closed
une fleur	a flower
un fleuve	a river
une forêt	a forest
l'herbe	grass
une île	an island
un lac	a lake
le littoral	the seaside

lointain	distant
une maison de campagne	a country house
une maison secondaire	a holiday home
la mer	the sea
la montagne	the mountains
montagneux	hilly
le nord	the north
nouveau	new
l'ouest	the west
ouvert	open
le paysage	the countryside
pittoresque	picturesque
la plage	the beach
pollué	polluted
près de	near to
un ruisseau	a stream
le sud	the south
la terre	land
tranquille	peaceful
vaut la peine de voir	worth seeing
vieux	old
vivant	lively

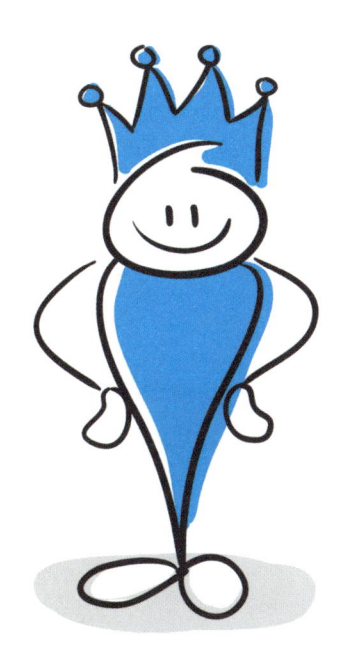

5B HOLIDAYS AND TOURISM (1)

READING

Lis les informations des hôtels.

Hôtel A

Hôtel Chamonix

12 chambres avec salle de bains

Petit restaurant

Piscine et sauna

Wi-Fi payant

Hôtel B

Hôtel Bouvery

14 chambres avec douche

Vue de la baie

Bar terrasse et restaurant

Jardins et terrain de mini golf (dehors)

Parking privé

Hôtel C

Hôtel de Lille

60 chambres avec douche

Restaurant et bar

Centre-ville

Parking souterrain gratuit

Wi-Fi gratuit

Hôtel D

Hôtel de la montagne

10 chambres avec salle de bains

Vue de la montagne

Restaurant, bar

Wi-Fi payant

Parking devant l'hôtel

Choisis l'hôtel où on peut…

1. Voir le paysage
2. Jouer dehors
3. Nager et se relaxer
4. Trouver un parking non payant
5. Voir la plage
6. Avoir accès à l'internet sans payer

Role play

SPEAKING

- Say where you went on holiday last year
- Say where you normally stay on holiday
- Give one advantage of tourism
- Ask your friend what they like doing on holiday
- Ask how far away the beach is
- Describe your ideal holiday

THE WIDER WORLD | 111

LISTENING

Listen to Simon and Alexandre talking about their holidays. Answer the questions in English.
1. When did Simon go on holiday?
2. Who did Simon stay with?
3. What activities did he do?
4. What was the weather like?
5. What did Alexandre think of his holiday and why?
6. What is his opinion about Barcelona?
7. What was the weather like?

WRITING

Écris au moins une phrase avec les points suivants au sujet de tes vacances de l'année dernière :
- Le transport
- L'hébergement
- Le climat
- Les repas
- Les activités
- Tes opinions

READING

Read the TripAdvisor reports from some French visitors to the Hôtel Sofitel, Paris. Complete the grid in English.

Avis 1: Avis écrit le 12 janvier
« Nous avons passé trois nuits en famille. Service exceptionnel. Chambres de grand luxe. Hôtel tranquille et bien placé pour nos sorties en ville. »

Avis 2: écrit le 20 mai
« Une semaine agréable. Chambre impeccable et ambiance chic. Personnel accueillant. »

Avis 3: écrit le 3 janvier
« Un établissement de haute qualité. Service exceptionnel avec restaurant incroyable ! Il faut essayer le saumon et prendre au dessert le mousse au chocolat au restaurant ! »

Avis 4: visité en novembre
« Malheureusement à cause du bruit de quelques clients le soir, une mauvaise nuit sans dormir ! Heureusement le petit déjeuner est servi de six heures, dans une ambiance tranquille ! »

GRAMMAR

By this stage in the course you should feel confident about using the past, present and future in your spoken and written French. You can also add in a variety of other tenses and expressions to extend your answers. You have seen the following tenses:

- The **present tense** to talk about activities you do regularly e.g. Je vais à la plage.
- The **imperfect tense** for things that used to happen regularly in the past e.g. Il pleuvait toute la journée.
- The **perfect tense** to say what you have done e.g. Nous sommes allés à Barcelone.
- The **immediate future** to say what you are going to do e.g. Ce soir je vais jouer au tennis.
- The **future tense** to say what you will do e.g. J'irai en Italie.
- The **conditional tense** to say what you would do e.g. J'aimerais visiter la montagne.

You don't always have to use *all* of these tenses, but you do need to be able to recognise them as they will appear in listening and reading exercises and you do have to refer to past, present and future events in your speaking and writing exams.

	Review 1	Review 2	Review 3	Review 4
Date of review				
Opinion				
Information				

5B HOLIDAYS AND TOURISM (2)

READING

Read the text below. What do these young people do when they go to the beach?

Véronique : Je prends des selfies de moi et de mes amis au bord de la mer.

Emma : Je parle avec mes copains, je nage un peu et j'écoute de la musique avec l'iPod.

Nathan : Je ferai du surf cette année. Cela sera ma première fois ! Je crois que je vais tomber beaucoup dans l'eau !

Laetitia : Pour moi c'est toujours le volleyball ! Je suis très sportive et je n'aime pas prendre de bains de soleil à la plage.

Carl : J'adore nager, je suis dans l'eau tout le temps ! Quelquefois je joue au badminton.

Mathieu : Je me cache en-dessous de ma serviette et je dors !

Who … (there may be more than one answer)?

1. swims
2. does some other sports
3. takes photos of their friends
4. sleeps
5. doesn't like sunbathing
6. thinks they are going to fall in the water
7. chats to their friends

LISTENING

Listen to the radio competition details. Complete the details in English.
Prize:
Details of prize:
Meals:
Travel:
How to enter:
Closing date:

WRITING

Écris un article au sujet des jeunes et les vacances. Donne des détails et justifie tes opinions. Écris au sujet des points suivants :
- L'importance des vacances
- Les aspects positifs du tourisme
- Ce que tu feras pendant les prochaines vacances

SPEAKING

Conversation
- Quelles sortes de vacances préfères-tu ? Pourquoi ?
- Que fais-tu normalement pendant tes vacances ? Pourquoi ?
- Où es-tu allé pour tes vacances l'année dernière ?
- Comment seraient tes vacances idéales ?
- Penses-tu que les vacances sont importantes ? Pourquoi (pas) ?
- Quels sont les aspects négatifs du tourisme ?

GRAMMAR

Pluperfect tense
The pluperfect tense is formed using the imperfect of the verbs **avoir/être** with the past participle. The verbs which use **avoir/être** are the same as in the perfect tense e.g. J'étais allé(e) (I had gone), Il avait mangé (He had eaten).

See page 230 of the grammar section for more information.

Lis ce mail à un hôtel. Trouve les bonnes réponses.

Monsieur,

    Ma famille et moi avons l'intention de passer des vacances à Bordeaux entre le premier et le seize août. Je voudrais réserver des chambres en ligne mais il y a un problème avec le site, donc j'envoie un mail.

    Il y aura cinq personnes et nous voudrions réserver deux chambres avec salle de bain. Nous voudrions une chambre pour deux personnes et une chambre pour trois personnes avec des lits individuels.

    Pourriez-vous nous donner aussi des informations sur les heures d'ouverture du restaurant ? Et est-ce que la piscine est couverte ?

    Je crois que vous offrez une réduction de dix pourcent pour les réservations en ligne. Nous cherchons cette réduction parce que le site ne marche pas.

    Merci d'avance.

M. Dubois Jean.

1. La famille sera en vacances...
    a. 6 juillet
    b. 16 juillet
    c. 1er août
2. Combien de chambres voudrait la famille ?
    a. deux
    b. trois
    c. cinq
3. La famille voudrait des chambres avec... ?
    a. 
    b. 
    c. 
4. Jean pose des questions au sujet de... ?
    a. 
    b. 
    c. 
5. Le prix peut être réduit de... ?
    a. 5%
    b. 10%
    c. 15%

Translate the following paragraph into English:

L'année dernière je suis allée en vacances avec mes amis. Nous sommes restés avec ma correspondante, Annaëlle, qui habite à Toulouse. Nous lui avons rendu visite en mai. Il faisait très chaud. Nous avons beaucoup aimé la ville. Sa famille était très sympa et je voudrais y retourner un jour.

5B HOLIDAYS AND TOURISM (3)

Read the newspaper article about visitors to the town of Vannes. Answer the questions in English.

Cette année l'office de tourisme de Vannes a accueilli 1,5% de visiteurs en plus que l'an passé. Cette vieille ville en Bretagne a attiré 57,000 visiteurs en juillet seulement !

Il a fait très beau cet été et la Bretagne a vu une augmentation de réservations dans tous les hébergements des campings et des hôtels. Avec le beau temps la saison des vacances a commencé tôt. Alors le tourisme est bon pour l'économie de la région.

Seul problème : avec beaucoup de touristes dans la région il y a des problèmes de parkings et sur les routes on a plus d'embouteillages !

1. What has happened this year in Vannes?
2. In which month did 57,000 tourists visit Vannes?
3. What was the weather like?
4. Where has there been an increase in bookings?
5. What started early?
6. What has seen a benefit?
7. What problems are there? Give **two** details.

Read the extract from the book *Vendredi ou la vie sauvage* by Michel Tournier. Answer the questions in English.

À la fin de l'après-midi du 29 septembre 1759, le ciel devenait noir. Nous avons été à six cents kilomètres environ au large des côtes du Chili. L'équipage de *La Virginie* s'est rassemblé sur le pont pour voir les feux de Saint-Elme – un violent orage.

La Virginie était un bateau rond, lourd et peu rapide avec une stabilité extraordinaire par mauvais temps.

1. At what time of day is the book set?
2. What is said about the sky?
3. How far away were they from the coast of Chili?
4. What type of weather did the crew experience?
5. Describe the boat. Give **two** details.

SPEAKING

Photo card
- Décris cette photo/Qu'est-ce qui se passe sur cette photo?
- Est-ce que tu aimes les vacances au bord de la mer ? Pourquoi (pas) ?
- La plupart des touristes n'aiment pas la culture. Es-tu d'accord ? Pourquoi (pas) ?
- Quel pays aimerais-tu visiter à l'avenir ?
- Quelle est l'importance du tourisme ?

LISTENING

Réponds aux questions en français.
1. Quel âge doit-on avoir pour aller en colo ?
2. Combien d'enfants restent à la colo par semaine ?
3. Quelles activités y a-t-il ? Nommez-en **trois**.
4. Quel jour est la soirée ?
5. Qui conduit les enfants en colo ?
6. Ça coûte combien pour rester en colo ?
7. Nommez un site populaire de la colo.

WRITING

Translate the following sentences into French:
1. Most tourists stay in campsites on holiday.
2. Some tourists behave badly on holiday.
3. The majority of tourists have their main holiday in the summer.
4. Last year I went on a sporting holiday with my friends.
5. In the future I would like to go to Australia.

Formal e-mails
Sending a formal e-mail in French is similar to sending formal letter. Just begin with something simple such as Bonjour Monsieur or even just Monsieur.

End politely with a phrase such as: En vous remerciant de votre aide Monsieur, je vous prie d'agréer l'expression de mes sentiments distingués.

Finally, in a formal e-mail don't forget to use vous.

5B HOLIDAYS AND TOURISM VOCABULARY GLOSSARY

aller	to go
arrêter	to stop
attendre	to wait
atterrir	to land
attraper	to reach/catch
coûter	to cost
faire la queue	to queue
garer	to park
partir	to leave
rester	to stay
visiter	to visit
voir	to view
voler	to fly
voyager	to travel
l'Allemagne	Germany
l'Angleterre	England
les Antilles	Caribbean
l'Autriche	Austria
la Belgique	Belgium
Douvres	Dover
l'Écosse	Scotland
Édimbourg	Edinburgh
l'Espagne	Spain
les États-Unis	United States
la France	France
la Grande-Bretagne	Great Britain
la Grèce	Greece
l'Inde	India
l'Irlande	Ireland
l'Italie	Italy

Londres	London
le Maroc	Morocco
la Norvège	Norway
les Pays Bas	Holland
le Pays de Galles	Wales
le Royaume-Uni	United Kingdom
la Suède	Sweden
la Suisse	Switzerland
allemand	German
anglais	English
antillais	West Indian
autrichien	Austrian
belge	Belgian
britannique	British
chinois	Chinese
écossais	Scottish
espagnol	Spanish
étranger	foreign
français	French
gallois	Welsh
grec	Greek
irlandais	Irish
marocain	Moroccan
néerlandais	Dutch
norvégien	Norwegian
polonais	Polish
portugais	Portuguese
russe	Russian
suédois	Swedish
suisse	Swiss
turc	Turkish

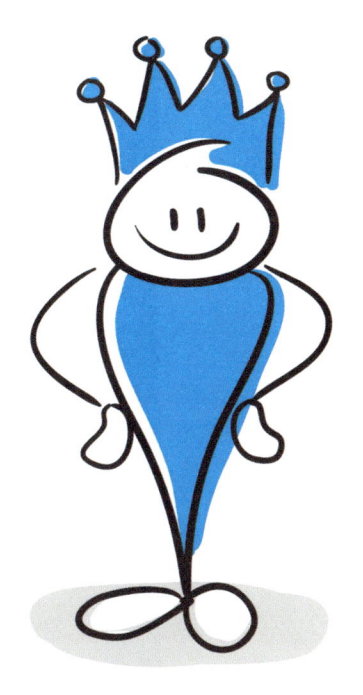

5A LOCAL AND REGIONAL FEATURES AND CHARACTERISTICS OF FRANCE AND FRENCH-SPEAKING COUNTRIES

5B HOLIDAYS AND TOURISM

GRAMMAR IN CONTEXT

1. WEATHER VERBS

Write a sentence describing the weather using the appropriate tense.

Town	Lyon	Marseille	Nantes	Strasbourg	Bordeaux
Weather	☀	☁	🌧	🌨	🌡❄
Tense	Present	Perfect	Imperfect	Future	Conditional

Write three sentences predicting the weather for next week.

> Remember that in French **il** is used to describe the weather.

2. VERBS FOLLOWED BY PREPOSITIONS

Write **five** sentences about what you would like to do in the future using the following verbs and prepositions.

- apprendre à
- commencer à
- continuer à
- avoir l'intention de
- avoir peur de

> Many verbs in French need a preposition before the infinitive. See page 218.

3. THE SUBJUNCTIVE

Translate these sentences into English.

- Il faut que vous travailliez.
- Je veux que vous restiez.
- Je veux vous parler avant que vous sortiez.
- Je regrette que vous soyez malade.

> You will only need to recognise the subjunctive tense at Higher level for GCSE. See page 231.

4. TALKING ABOUT A HOLIDAY IN THE PAST, PRESENT AND FUTURE

Complete the sentences with the correct form of the verb.

1. L'année dernière, je _____ (**aller – perfect**) en Espagne.
2. Il _____ (**faire – imperfect**) beau tous les jours et le soleil _____ (**briller – imperfect**).
3. Nous _____ (**passer – perfect**) deux nuits dans un hôtel au bord de la mer.
4. Normalement, je _____ (**faire – present**) beaucoup d'activités aquatiques.
5. L'été prochain nous _____ (**voyager – future**) en avion.

> It is important to be able to use a range of tenses. See pages 224–240.

5. USING DIFFERENT TENSES TO TALK ABOUT HOLIDAYS

Answer the following questions using the same tense as the question.

1. Qu'est-ce tu aimes faire pendant tes vacances ?
2. Quel temps faisait-il pendant tes dernières vacances ?
3. Quels monuments as-tu visités pendant l'été dernier ?
4. Qu'est-ce que tu feras pendant les prochaines vacances ?
5. Comment serait ton hôtel idéal ?

> Look for keywords which may help you to identify which tense the question is in.

6. PLUPERFECT TENSE

Translate the following sentences into English.

1. I had finished.
2. He had said.
3. I had gone out.
4. She had gone to bed late.

> This tense is formed using the imperfect of the verbs **avoir/être** with the past participle.

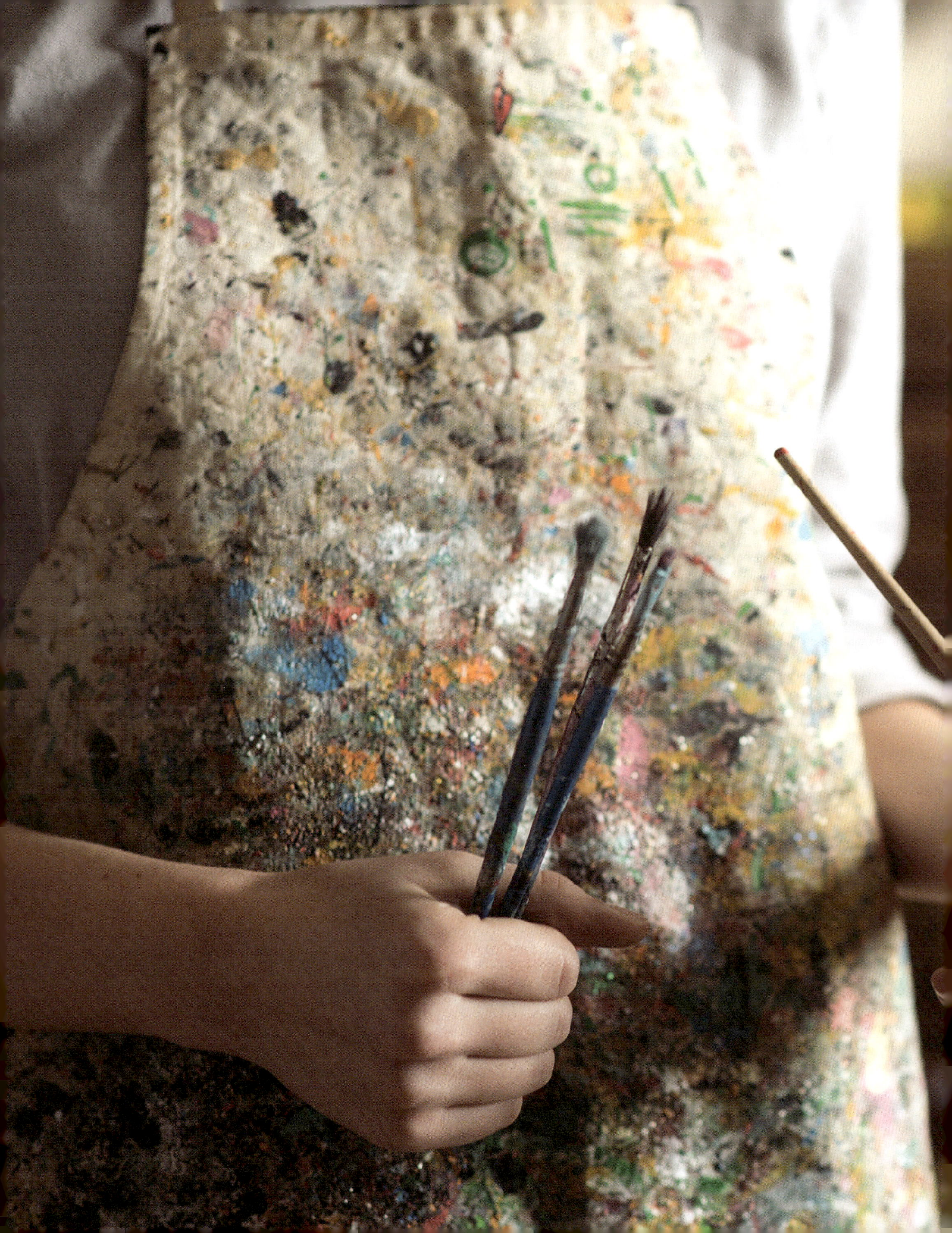

THEME: CURRENT AND FUTURE STUDY AND EMPLOYMENT

UNIT 2

ENTERPRISE, EMPLOYABILITY AND FUTURE PLANS

6A EMPLOYMENT (1)

READING

Read the following information about these young people's first jobs. Complete the grid in English.

Mylène : Je suis allée à Londres pour travailler comme au pair avec une famille. J'ai amélioré mon anglais et en même temps j'ai gagné de l'argent de poche.

Sébastien : J'ai voulu voir si l'herbe était plus verte aux États-Unis et j'y suis allé faire du « woofing ». Ça veut dire qu'on reste en famille sans payer le logement et qu'en même temps on fait des jobs pour aider la famille.

Mari : Je suis restée chez moi. Je garde des animaux pour les voisins quand ils sont en vacances. J'aime bien promener les chiens.

Alain : Moi, je suis moniteur dans un club de vacances. Je m'occupe des sports aquatiques et je suis moniteur de voile aussi. Cela me permet d'avoir de l'expérience et de l'argent.

	Mylène	Sébastien	Mari	Alain
Location				
Job				
Advantages of job				

ENTERPRISE, EMPLOYABILITY AND FUTURE PLANS | 123

READING

Lis l'article au sujet de l'emploi de Jacques. Trouve les cinq phrases vraies.

Tout le monde connaît les babysitters, mais moi je suis un dogsitter ! Je ne garde pas les enfants, mais des chiens.

J'ai commencé mon propre entreprise comme dogsitter il y a deux ans. Mes amis sont partis en vacances et ne savaient pas que faire avec Angie leur chien. Alors je suis resté chez eux pendant qu'ils sont allés en vacances et ils m'ont aussi payé !

J'ai pensé qu'il y avait peut-être d'autres familles qui avaient le même problème et j'ai mis une annonce dans le journal local et dans les vitrines des magasins dans ma ville. Aujourd'hui j'ai créé une page Facebook pour l'entreprise où j'ai publié des photos des chiens et où j'explique ce que je fais. Je n'ai jamais plus de deux chiens en même temps parce que je crois qu'il est important de m'occuper bien des animaux.

Phrases:

1. Jacques garde les enfants et les chiens.
2. Jacques travaille pour un patron.
3. Il a déjà fait deux ans de travail.
4. Ses premiers clients étaient ses copains.
5. Il fait du travail volontaire.
6. Il travaille aussi dans un magasin.
7. On peut trouver ses annonces dans les magasins locaux.
8. Il met des annonces aussi sur un site de réseau social.
9. Il n'a qu'un chien à la fois.
10. Il garde deux chiens maximum à la fois.

SPEAKING

Conversation
- Que fais-tu pour gagner de l'argent ?
- Est-ce que tu aimes dépenser ton argent ou garder ton argent ? Pourquoi ?
- Est-ce qu'il est difficile de trouver un job d'été ? Pourquoi (pas) ?
- Que veux-tu faire plus tard dans la vie comme carrière ?
- Veux-tu faire du travail bénévole ? Pourquoi (pas) ?
- Comment serait ton travail de vacances idéal ?

LISTENING

Listen to the survey about young people and their money. Choose the five correct statements.

1. Young people don't think work is important.
2. Young people think that work is important.
3. 90% of young people said that they already have work or are looking for work.
4. 95% of young people said that they already have work or are looking for work.
5. The young people surveyed were 20 years old.
6. The young people surveyed were between 15 and 20 years old.
7. 80% said that they saved some of their money.
8. 80% said that they spent their money.
9. Most bought electronic goods with their money.
10. Most spent their money on going out with friends.

WRITING

Quels sont les avantages et les inconvénients de travailler pendant les vacances ? Écris trois avantages et trois inconvénients.

GRAMMAR

Perfect infinitive

The perfect infinitive is formed by using the infinitive of **avoir** or the infinitive of **être** plus the past participle of the verb. It means 'to have done'. It is most often used with the phrase 'après avoir' or 'après être' (after having done …) e.g. *Après avoir fini le travail, nous sommes allés manger au restaurant* (After having finished work, we went to eat in the restaurant).

Remember, when using **être** in the perfect tense there will need to be agreements of the past participle depending on whether the personal pronoun is masculine, feminine or plural e.g. *Après être arrive(é) au travail, j'ai bu un café* (After arriving at work, I drank a coffee).

6A EMPLOYMENT (2)

Read the following abridged extract from the novel *L'Étranger* by Albert Camus. Answer the questions in English.

Aujourd'hui, j'ai beaucoup travaillé au bureau. Le patron a été aimable. Il m'a demandé si je n'étais pas trop fatigué… Avant de quitter le bureau pour aller au déjeuner, je me suis lavé les mains. … Je suis sorti un peu tard, à midi et demi, avec Emmanuel, qui travaille à l'expédition. Le bureau donne sur la mer et nous avons perdu un moment à regarder les cargos dans le port brûlant au soleil.

1. Where does the writer work?
2. What was the boss like?
3. What did the boss ask him?
4. What did the writer do before lunch?
5. What time did he go to lunch?
6. What can he see through the window?

Read what the following young people do to earn some spending money. Write what each one does and what they think about their job in English.

Anne : Pour gagner un peu d'argent j'aide à faire le ménage, je lave la vaisselle, je passe l'aspirateur et je lave la voiture. Je n'aime pas ce travail parce que c'est fatigant.

Luc : J'ai un petit boulot le samedi dans un supermarché. Je n'aime pas le travail parce que c'est ennuyeux.

Marie : Je garde des enfants après l'école et je fais du babysitting le weekend. J'aime bien ça.

Benjy : Je suis entraîneur de football pour les petits. J'aime beaucoup ce travail. Je les entraîne le vendredi soir et le dimanche matin.

Marc : Moi je ne fais rien mais mes parents me donne de l'argent quand j'en ai besoin. Je pense que cette année je vais trouver un petit boulot d'été.

ENTERPRISE, EMPLOYABILITY AND FUTURE PLANS | 125

LISTENING

Écoute Céline qui parle de son travail de vacances. Remplis les blancs.

Pendant les _____ (1) vacances j'ai travaillé à la réception de l'hôtel _____ (2) de chez moi. J'ai _____ (3) soixante-dix pourcent de mon temps à la réception. J'ai accueilli les clients à leur arrivée et lors de leur départ. J'ai _____ (4) des réservations pour le restaurant et j'ai _____ (5) des coups de téléphone. _____ (6) j'ai travaillé de sept _____ (7) du matin jusqu'à quatorze heures de l'après-midi et _____ (8), j'ai travaillé de quatorze heures à vingt et une heures du soir. J'ai beaucoup aimé ce travail parce que je _____ (9) travailler plus _____ (10) dans la vie dans le tourisme. J'aime bien _____ (11) en équipe et je me suis bien _____ (12) avec mes collègues et les clients.

WRITING

Translate the following into French:
I have a part-time job in a bakery, near to my house. Yesterday, I started at 7am. I had to get up very early. I work on a Saturday and in the afternoon I go out with my friends. I like my job.

GRAMMAR

Depuis
In French, to say how long you have been doing something you can use the word 'depuis'. It is used with the present tense e.g. Elle parle depuis une demi heure ! (She has been talking for half an hour!)

SPEAKING

Photo card
- Décris cette photo/Qu'est-ce qui se passe sur cette photo ?
- Est-ce qu'il est important de gagner de l'argent? Pourquoi (pas) ?
- Les jeunes ont besoin d'avoir de l'expérience du monde de travail. Qu'en penses-tu ?
- Comment est-ce que tu dépenses ton argent ? Pourquoi ?
- Quels sont les aspects négatifs d'un petit boulot ?

6A EMPLOYMENT (3)

READING

Lis ce que les étudiants cherchent comme travail d'été. Quel est le meilleur emploi pour chaque personne?

David : Je m'intéresse aux sciences et je voudrais avoir mon propre magasin.

Sandrine : J'adore travailler avec les enfants.

Baptiste : Je m'intéresse à la mode. Je coupe les cheveux de mes amis.

Amandine : J'aime beaucoup être en plein air et j'aime faire des promenades. Je suis aussi bien organisée.

Chloé : J'adore voyager et j'aimerais visiter toutes sortes de pays.

Zac : J'habite dans une ferme et je voudrais toujours travailler avec les animaux.

Écris le bon prénom dans la case. Il faut remplir que six cases.

Métier	Prénom
Coiffeur	
Facteur	
Fermier	
Mécanicien	
Hôtesse de l'air	
Vendeur	
Pharmacien	
Instituteur	
Chauffeur de poids lourd	

READING

Read the magazine article about voluntary work. Answer the questions in English.

Il y a treize millions de bénévoles en France dont vingt-six pourcent sont des étudiants. Le bénévolat est une activité libre et non payée. C'est à vous de décider combien de temps vous pouvez donner. Il est important d'être motivé.

Alice fait du travail bénévole pour une association qui aide les familles qui sont affectées par le cancer. Voici ce qu'elle dit de son expérience :

« Être membre d'une association en faisant du travail bénévole est un peu comme être dans une équipe de football. On rencontre beaucoup de personnes et on a le même but. J'ai fait six mois du travail avec l'association parce que je voulais être utile et faire quelque chose pour les autres. Le travail bénévole m'a aidé à développer ma confiance et m'a donné beaucoup d'expériences dans le monde du travail. Je conseille aux autres de choisir quelque chose qui les motive et de faire du travail bénévole, même pour un peu de temps. »

1. How many students do voluntary work?
2. What is up to the individual to decide?
3. For what type of organisation did Alice work?
4. To what does she compare voluntary work?
5. For how long did she do voluntary work?
6. Why did she choose to do voluntary work?
7. What skills did she pick up whilst doing voluntary work?
8. What does she advise others to do?

READING

Translate the following into English:

Le weekend je travaille dans un tout petit magasin de chaussures. Je sers les clients et je travaille à la caisse. Les heures sont longues et je suis fatigué quand je rentre à la maison.

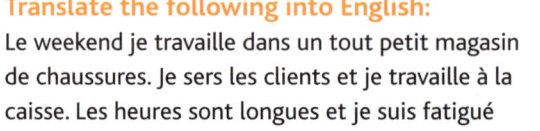

À l'avenir je voudrais aussi ouvrir mon propre magasin de vêtements parce que je m'intéresse à la mode.

ENTERPRISE, EMPLOYABILITY AND FUTURE PLANS | 127

LISTENING

Listen to Paul's account of his summer job. Answer the questions in English.
1. Why did he decide to be a DJ?
2. How much work did he have?
3. What skills did he need to have?
4. Why did he turn down some parties?
5. What does he have to do in his job?

SPEAKING

Role play
- Ask your friend if they have a part-time job
- Say what you do to earn money
- Say how much pocket money you get
- Ask your friend how they spend their money
- Say what you bought at the weekend
- Say what sort of part-time job you would like to do

WRITING

Écris une lettre en posant ta candidature pour un emploi d'été. Inclus ces details :
- Explique pourquoi tu cherches le poste.
- Dis quand tu serais libre pour commencer le travail.
- Donne des détails au sujet de tes expériences et tes études.
- Pose deux questions au sujet du travail.

GRAMMAR

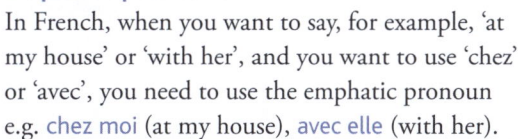

Emphatic pronouns
In French, when you want to say, for example, 'at my house' or 'with her', and you want to use 'chez' or 'avec', you need to use the emphatic pronoun e.g. chez moi (at my house), avec elle (with her).

See the table below for the list of emphatic pronouns.

moi	me
toi	you (singular)
lui	him
elle	her
nous	us
vous	you (plural/polite)
eux	them (masculine)
elles	them (feminine)

6A EMPLOYMENT VOCABULARY GLOSSARY

aider	to help
à l'étranger	abroad
une annonce	an advert
apprendre	to learn
un apprentissage	an apprenticeship
une banque	a bank
bénévolat	voluntary work
bien payé	well paid
à la caisse	on the till
un centre de loisirs	a leisure centre
classer des fiches	to do the filing
un client	customer
le CV	CV
écrire	to write
un emploi	job
une expérience	an experience
faire	to do
faire des livraisons	to do deliveries
faire des photocopies	to do the photocopying
faire du baby-sitting	to baby sit
un fast-food	a fast-food restaurant
fatigant(e)	tiring
gagner	to earn
un garage	a garage
les heures de travail	hours of work
livrer des journaux	to deliver newspapers
une langue étrangère	a foreign language
laisser un message	to leave a message
monotone	boring, monotonous
négatif	negative
parler	to speak

passer	to spend (time)
positif	positive
le/la patron(ne)	boss
un petit boulot	part-time job
remplir les rayons	to stack shelves
le salaire	salary
un salon de coiffure	a hairdresser's
un supermarché	a supermarket
servir les clients	to serve customers
le stage en entreprise	work experience
stressant(e)	stressful
travailler	to work
une usine	a factory
voyager	to travel

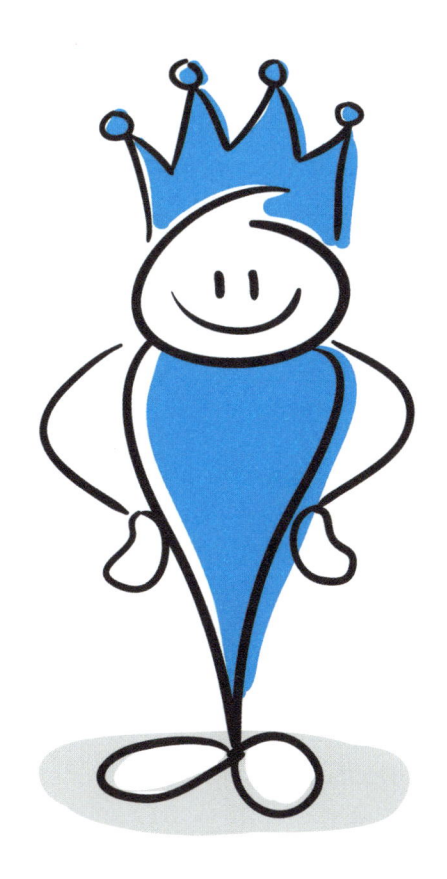

6B SKILLS AND PERSONAL QUALITIES (1)

READING

Read Isabelle's blog about her career plans. Answer the questions in English.

Je ne suis pas comme les autres élèves de ma classe. Ils veulent gagner beaucoup d'argent dans la vie. Cependant, je n'ai pas d'envie de gagner beaucoup d'argent. Je suis très sportive et j'aime être dehors. La seul chose qui m'intéresse ce sont les chiens et je voudrais avoir mon propre entreprise un jour, peut être une boutique pour les chiens ou être entraîneur de chiens. Ma sœur croit que je suis bête et mon père dit que je suis folle ! Néanmoins, ma mère pense que c'est une bonne idée parce que je suis gentille avec les animaux et je suis responsable.

1. Why isn't she like the other pupils?
2. What type of person does she think she is?
3. What is she interested in?
4. What **two** things does she want to do in the future?
5. What does her sister think of her?
6. What does her mother think of her plans?

READING

Read the following text from the book *Enzo, 11 ans, sixième 11* by Joëlle Ecormier. Answer the questions in English.

Je suis né le onze novembre à onze heures et onze minutes. Ma mère a « souffert le martyre » pendant onze heures. Les pires de sa vie, elle dit.

Après ce grand moment de bonheur, elle m'a appelé Enzo. J'ai pensé que c'était pour se venger. Je suis vite devenu « Zozo ». Il paraît que c'est affectueux. C'est surtout énervant.

Quand j'ai appris à écrire les nombres, en classe de CP, j'ai réalisé que pour écrire « onze » je devais utiliser les mêmes lettres que celles de mon prénom. Le numéro onze est devenu très significatif dans ma vie.

Le 11 mars 2011 je me suis fait confisquer mon portable à l'école. Au collège ma moyenne est toujours le 11 !

1. On what date and at what time was Enzo born?
2. Why was he given the nickname Zozo?
3. What did he think about being called Zozo?
4. In this extract, what was he learning to do when he was in the CP (class)?
5. What happened on 11 March?

GRAMMAR

Indirect object pronouns

In French, sometimes we want to say 'to him/her/them'. In English, the word 'to' is often missed out.

- lui – to him
- elle – to her
- leur – to them

e.g.

- Je lui ai donné (I gave it to him)
- Elle leur donne de l'argent (She gives them money)

EXTRA

Can you find what the following mean?

1. pendant
2. après
3. vite
4. il paraît que
5. surtout
6. moyenne

ENTERPRISE, EMPLOYABILITY AND FUTURE PLANS | 131

Role play
- Give **two** of your positive characteristics
- Say what languages you speak
- Say what skills you would like to learn in the future
- Ask your friend what sort of person they are
- Ask your friend what sort of work they like doing
- Say what you learned at school yesterday

LISTENING
Écoute cette interview avec un directeur de l'hôtel Mercure à Lyon. Choisis les cinq bonnes réponses.
1. Le personnel doit être sympa.
2. Le personnel doit être bavard.
3. Le directeur doit être strict.
4. Le directeur doit être organisé.
5. Les clients sont souvent difficiles.
6. De temps en temps les clients sont difficiles.
7. Il faut parler anglais.
8. Il faut être Anglais.
9. Il ne faut pas parler anglais.
10. C'est bien si on parle une autre langue.

Translate the following into French:
I am very passionate about my job as marketing director. The salary is good and the hours are long. I rarely spend the weekend with my family. I love my job because there isn't a routine and one day isn't like another.

6B SKILLS AND PERSONAL QUALITIES (2)

READING

Lies les phrases avec les emplois.
1. Vous aimez travailler avec vos mains.
2. Vous aimez aider les autres élèves en classe.
3. Vous préférez être dehors, même s'il ne fait pas beau.
4. Vous aimez rester derrière un bureau et taper à l'ordinateur.
5. Vous aimez planifier vos vacances à l'avance.
6. Vous aimez écrire des chansons.

a. musician
b. chef
c. office worker
d. farmer
e. travel agent
f. teacher

READING

Translate the following paragraph into English:

Je travaille dans une agence de voyage. Je dois réserver des billets d'avion pour les clients et je les aide à choisir des vacances. Il faut être à l'aise avec les gens et très bien organisé. Il est important d'avoir une bonne connaissance de la géographie et être bon en maths est essentiel.

READING

Read the article about different personality types.

Personne A : Tu es très sociable et de bonne humeur. Au collège tu te trouves toujours entourés de tes copains. Tu adores faire des spectacles.

Personne B : Tu es curieux et tu as une bonne imagination. Tu es créatif et tu aimes lire. Tu n'es pas bien organisé. L'histoire est ta passion !

Personne C : Tu es sportif et tu ne t'arrêtes pas de bouger. Tu n'aimes pas être assis et tu aimes les choses pratiques.

Personne D : Tu es calme et solitaire. Tu aimes avoir un ou deux copains et tu préfères être en plein air. Tu n'aimes pas te lever tôt le matin.

Choose the correct personality type for each statement.

1. You are always on the go.
2. You like reading.
3. You enjoy doing shows.
4. You are always surrounded by friends.
5. You are nosy.
6. You are not well organised.
7. You don't like sitting down.
8. You have a good nature.
9. You don't like getting up early in the mornings.
10. You are quiet.

LISTENING

Listen to the report from Denis. Answer the questions in English.
1. According to the report, what is important?
2. Why is it important?
3. What did Denis have to do last week?
4. Apart from going to school, what other ways of learning are suggested?
5. What is said about businesses?

WRITING

**Écris une phrase pour chaque travail.
Écris au sujet des qualités qu'il faut avoir.**
- Médecin
- Vendeur
- Pilote
- Agent de police
- Secrétaire

GRAMMAR

Demonstrative pronouns

Demonstrative pronouns are used in French to mean 'this one/that one/these/those'.

Masculine	Feminine	Singular/Plural	English
celui	celle	singular	this/that
ceux	celles	plural	these/those
celui-ci	celle-ci	singular	this one
celui-là	celle-là	plural	that one
ceux-ci	celles-ci	singular	these (here)
ceux-là	celles-là	plural	those (there)

e.g.

- il prendra celui-là (he will have that one). See page 217.

SPEAKING

Photo card

- Décris cette photo/Qu'est-ce qui se passe sur cette photo ?
- Quelles sont les qualités d'un bon patron ? Pourquoi ?
- Il est important de parler une langue étrangère. Qu'en penses-tu ?
- As-tu un petit boulot ? Pourquoi (pas) ?
- Quelles sont tes qualités professionnelles ?

6B SKILLS AND PERSONAL QUALITIES (3)

READING

Read these statements about what employers are looking for when recruiting. Match the statements 1–10 to the statements a–j.

1. Travailler régulièrement
2. Communiquer avec les autres
3. Inventer et créer
4. Aider les autres
5. Être en bonne santé
6. Travailler avec les mains
7. Travailler dehors
8. Être responsable
9. Utiliser la technologie
10. Parler des langues étrangères

a. To be in good health
b. Use technology
c. Work regularly
d. To work manually
e. To be responsible
f. To speak foreign languages
g. To work outside
h. To invent and create
i. To communicate with others
j. To help others

LISTENING

Listen to the information about a business course. Answer the questions in English.

1. For how long does the course last?
2. For how many months can you study abroad?
3. In which countries can you study?
4. With what do you need to keep up to date?
5. How many people are in a research group?
6. What will the research group have to do?
7. What must you be careful about?
8. What information is given about written tasks?
9. What do you need to be able to do as a team?

READING

Lis l'article au sujet de la préparation pour le monde du travail. Remplis les blancs.

De nos _____ (1) il est important que les _____ (2) possèdent des compétences de _____ (3) qu'il peuvent utiliser dans plusieurs _____ (4).

Il faut lire, _____ (5), compter au meilleur niveau possible. La communication _____ (6) la première valeur que les employeurs _____ (7) aujourd'hui. Une bonne connaissance de la technologie et _____ (8) bien avec les autres est vital ! La formation est _____ (9) et il faut être ouvert à la formation pour toute sa carrière.

Il faut être responsable et autonome. _____ (10) en équipe est aussi désiré par les employeurs.

Dès le lycée on devrait commencer à collecter des preuves de vos expériences professionnelles, par exemple garder un dossier sur vos expériences à part de vos qualifications. Les photos en équipe de rugby ou une lettre qui atteste de vos qualités pendant un petit-emploi serait intéressant pour un employeur.

as	écrit	lié
base	emplois	parle
cherchent	employeurs	personne
clé	est	travail
communiquer	jeunes	travailler
écrire	jours	trouve

EXTRA

The last paragraph of the reading text advises you about what you could put into a personal career file. List what can be put into the file.

ENTERPRISE, EMPLOYABILITY AND FUTURE PLANS | **135**

SPEAKING

Conversation
- Quelles sont tes qualités ?
- Quel serait ton emploi idéal ?
- Quelles sont les compétences nécessaires pour ton emploi idéal ?
- Que faut-il faire pour se préparer à une entrevue ?
- Est-ce que tu préfères travailler en équipe ou seul ? Pourquoi ?
- Qu'est-ce que tu aimerais apprendre au travail dans le futur ?

WRITING

Écris un paragraphe au sujet des points suivants :
- Tes qualités personnelles et professionnelles
- Tes études et tes qualifications
- Quelles seront les qualités nécessaires pour ton emploi idéal

EXTRA

Que feras-tu comme travail dans dix ans ?

GRAMMAR

Possessive pronouns

Possessive pronouns are used when you wish to say 'mine, yours, his, hers,' etc.

English	Masculine	Feminine	Masculine plural	Feminine plural
mine	le mien	la mienne	les miens	les miennes
yours	le tien	la tienne	les tiens	les tiennes
his/hers	le sien	la sienne	les siens	les siennes
ours	le nôtre	la nôtre	les nôtres	les nôtres
yours	le vôtre	la vôtre	les vôtres	les vôtres
theirs	le leur	la leur	les leurs	les leurs

e.g.

Est-ce que c'est mon portable ? (Is this my phone?)
Non, le tien est à la maison. (No, yours is at home.)

6B SKILLS AND PERSONAL QUALITIES VOCABULARY GLOSSARY

animé	lively
apparaître	to look/appear
arrogant	arrogant
astuce	crafty
bilingue	bilingual
calme	calm
clair	light, bright
la compétence	skill
confident	confident
connu	well known
doué	talented
embêtant	annoying
en colère	angry
être de bonne humeur	to be in a good mood
être de mauvaise humeur	to be in a bad mood
étroit	straight
fâché	angry
faible	weak
fort	loud
heureux	happy
idiot	daft
insolent	cheeky
intelligent	intelligent
joyeux	happy
mignon	sweet
modeste	modest
ponctuel	punctual
populaire	popular
propre	clean
respectable	respectable
sérieux	serious
sévère	strict
sympa	nice

sympathique	understanding
tranquille	quiet
vite/rapide	fast
agréable	nice
aimable	likeable
ambitieux	ambitious
amusant	amusing
beau/belle	beautiful
célèbre	famous
charmant	charming
content	happy
courageux	courageous
désagréable	unpleasant
difficile	difficult
drôle	funny
égoïste	selfish
ennuyeux	boring
fier	proud
formidable	fantastic
fort	strong
fou/folle	mad
généreux	generous
gentil	kind
honnête	honest
inquiet	anxious
jeune	young
malheureux	unhappy
mauvais	bad
méchant	naughty
nerveux	nervous
obstiné	stubborn
paresseux	lazy
poli	polite
sage	good
sensible	sensitive
sportif	sporty
timide	shy
triste	sad

6A EMPLOYMENT
6B SKILLS AND PERSONAL QUALITIES
GRAMMAR IN CONTEXT

1. PERFECT INFINITIVE
Write a suitable ending for these sentences.

1. Après avoir fait un stage, _____.
2. Après être allé(e) au travail, _____.
3. Après avoir trouvé un emploi, _____.
4. Après avoir parlé avec le patron, _____.

Now write two full sentences of your own using the perfect infinitive.

> The perfect infinitive is formed by using the infinitive of **avoir** or the infinitive of **être** plus the past participle of the verb. It means 'to have done'. It is most often used with the phrase 'après avoir' or 'après être' (after having done ...). Remember, when using **être** in the perfect tense there will need to be agreements of the past participle.

2. DEPUIS
Translate the following sentences into English.

1. Je travaille comme serveur depuis cinq mois.
2. Mon frère étudie à l'université depuis deux ans.
3. Je veux être professeur depuis toute ma vie.
4. Nous cherchons un emploi depuis un an et demi.
5. Je gagne de l'argent depuis trois ans.

> To say how long you have been doing something you can use the word 'depuis'. It is often used with the present tense. 'Depuis' can also be used with the imperfect tense – you will come across this in Module 8.

3. EMPHATIC PRONOUNS
Translate the following phrases into French.

1. In front of me
2. Without them
3. In her house
4. He did it
5. I work with her

> Remember that in French when you want to say e.g. 'at my house' or 'with her', and you wish to use 'chez' or 'avec' (or you want to emphasise that someone did something), you need to use the emphatic pronoun.

ENTERPRISE, EMPLOYABILITY AND FUTURE PLANS | **139**

4. INDIRECT OBJECT PRONOUNS

Translate the following sentences into French.

1. She gave it to them.
2. He talked to me about it.
3. She gives them sweets.
4. She gives him homework.

> In French, sometimes we want to say 'to him/her/them'. In English, the word 'to' is often missed out e.g. I gave (to) her some chocolates. See page 214.

5. DEMONSTRATIVE PRONOUNS

Write the correct demonstrative pronoun for the following:

1. This one (phone)
2. That one (car)
3. Those ones (shoes)
4. That one (coffee)
5. These ones (newspapers)
6. Those ones (tables)

> Demonstrative pronouns are used in French to mean 'this one/that one/these/those'. See page 217.

6. POSSESSIVE PRONOUNS

Fill in the blanks in French using the correct possessive pronoun.

1. Où est ton sac ? – Voici _____ (**mine**).
2. Ma voiture est au garage. Pouvons-nous y aller dans _____ (**yours plural**) ?
3. Je ne trouve pas mes clés ? Voici _____ (**yours singular**).
4. Voici mes lunettes. Où sont _____ (**hers**) ?
5. Mon patron est très strict. Comment est _____ (**yours singular**) ?
6. Est-ce que tu aimes tes collègues ? _____ (**mine**) sont agréables.

> Possessive pronouns are used to say 'mine, yours, his, hers,' etc. See page 216.

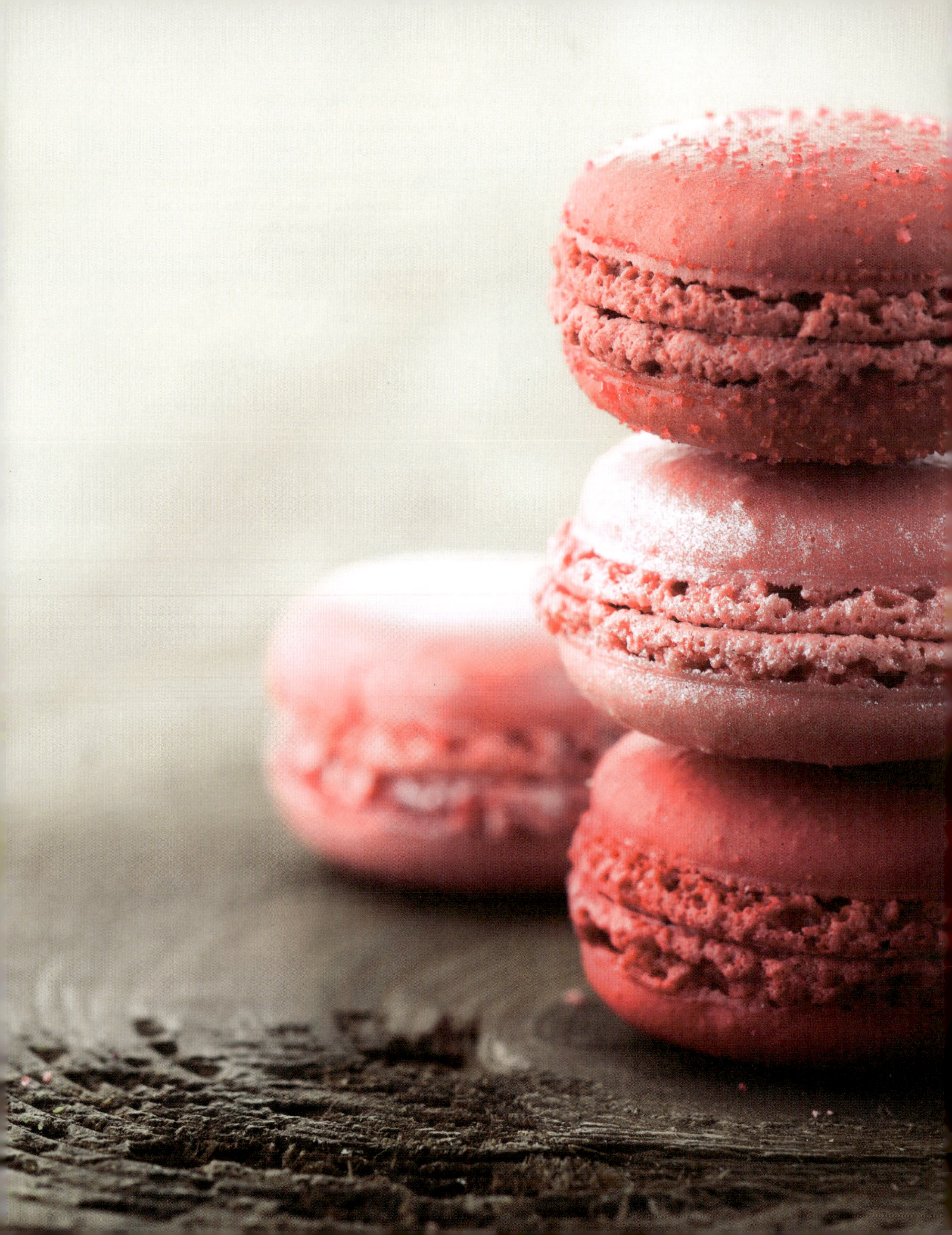

THEME: IDENTITY AND CULTURE

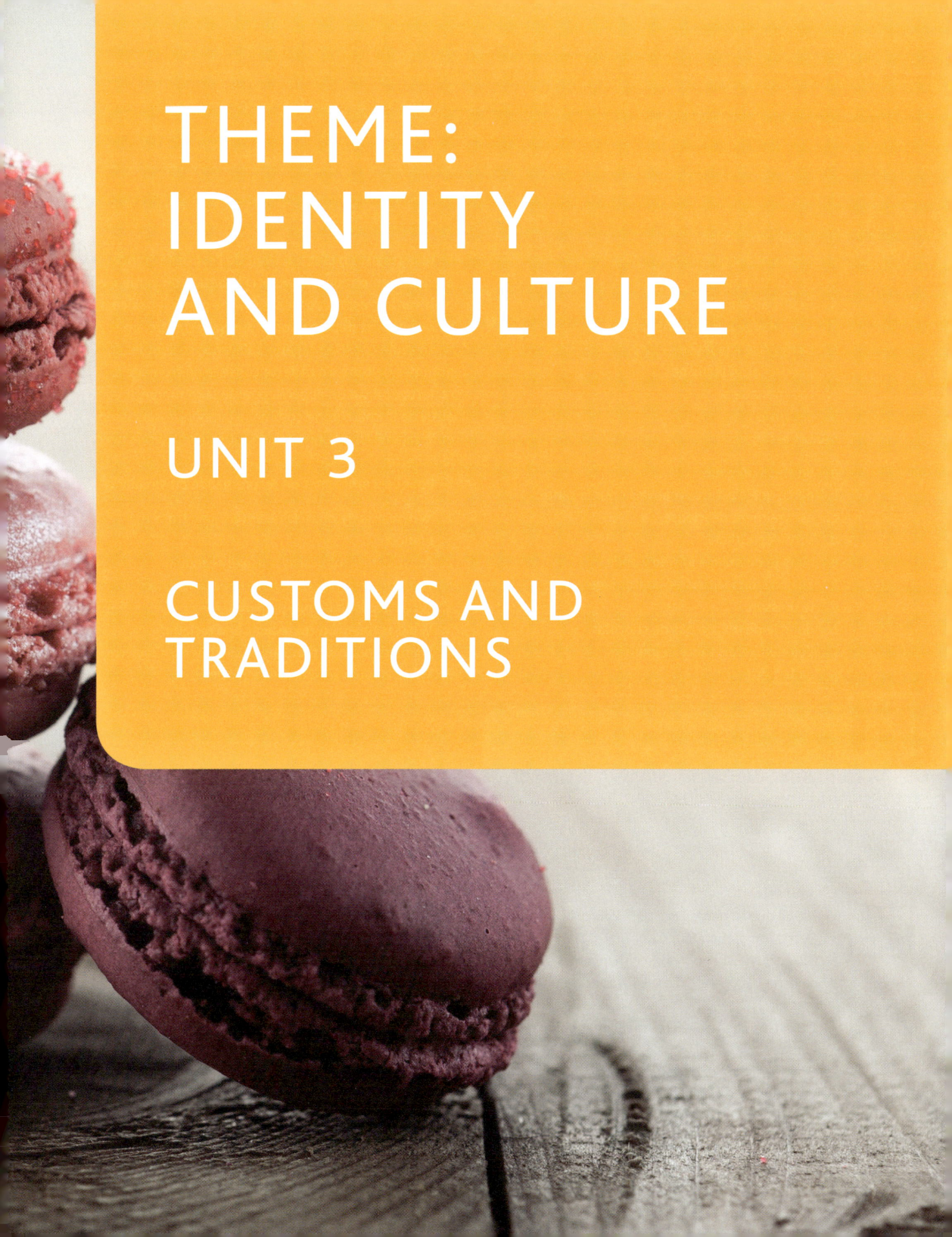

UNIT 3

CUSTOMS AND TRADITIONS

7A FOOD AND DRINK (1)

READING

Match 1–10 to a–j.

1. Je suis végétarien,
2. Je suis allergique,
3. Je n'aime pas
4. Je suis au régime,
5. Il ne mange pas de bonbons
6. La mousse à la fraise
7. J'adore les gâteaux et
8. La limonade a
9. Les frites,
10. Les escargots

a. un très bon goût.
b. parce que c'est très mauvais pour la santé.
c. est vraiment délicieuse.
d. sont dégoûtants.
e. alors je ne mange pas de viande.
f. aux produits laitiers et au fromage.
g. le poisson.
h. donc je ne mange pas de chocolat.
i. j'en mangerais toute la journée.
j. ça fait grossir !

EXTRA

Translate the correct full sentences 1–5 into English.

SPEAKING

Conversation
- Est-ce que tu aimes cuisiner ? Pourquoi (pas) ?
- Décris ton plat préféré.
- Est-ce qu'il est important de manger les spécialités de la région quand on est en vacances ? Pourquoi (pas) ?
- Qu'est-ce que tu préfères manger et boire ? Pourquoi ?
- Que mangeras-tu pour le dîner ce soir ?
- Décris un repas spécial que tu as mangé récemment.

READING

Read the article and answer the questions in English.

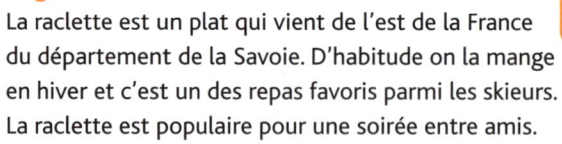

La raclette est un plat qui vient de l'est de la France du département de la Savoie. D'habitude on la mange en hiver et c'est un des repas favoris parmi les skieurs. La raclette est populaire pour une soirée entre amis.

La seule chose à préparer à l'avance ce sont les pommes de terre. La raclette consiste du fromage à raclette et il y a un appareil pour le faire fondre. Il y a aussi de la charcuterie comme le jambon, le saucisson et le salami. Une bonne salade est souvent servie avec la raclette.

Pour l'accompagner on recommande du vin blanc.

1. Where exactly does 'la raclette' come from in France?
2. At what time of year is it usually eaten?
3. With whom do people tend to eat a raclette?
4. What needs to be pre-prepared?
5. What is the main ingredient of a raclette?
6. Name two meats that can be eaten with a raclette.
7. What is often served with a raclette?

WRITING

Écris un article pour un blog au sujet des spécialités de la région. Il faut inclure :
- L'importance des plats
- Ton plat régional préféré
- Un repas spécial chez toi

GRAMMAR

Adverbs: quantifiers and intensifiers

You will need to recognise and use the following words:

- assez – enough
- beaucoup – a lot
- un peu – a little
- très – very
- trop – too much

LISTENING

Écoute cette interview avec un boulanger de Bordeaux. Trouve la bonne réponse pour chaque question.

1. Le canelé est...
   a. un dessert
   b. un vin
   c. du chocolat
2. La recette est...
   a. connue
   b. un secret
   c. dans un livre
3. Un ingrédient qui ne se trouve pas dans le canelé est...
   a. la farine
   b. le vin
   c. le sucre
4. Qui a utilisé les jaunes d'œuf dans la recette ?
   a. les sœurs religieuses
   b. les frères du château
   c. ma sœur
5. On peut acheter les canelés...
   a. sur Internet
   b. dans un supermarché
   c. au marché
6. La recette de nos jours a été utilisée pour la première fois il y a...
   a. 15 ans
   b. 20 ans
   c. 25 ans

7A FOOD AND DRINK (2)

READING

Lis les informations au sujet des restaurants à Paris.

A
Quick
Service rapide de fastfood
Boîte de cadeaux offerte aux enfants
Le passe-jeune prix réduits pour les quinze à vingt-cinq ans
Heures d'ouverture : 06h00–23h00 tous les jours sauf le dimanche

B
Flunch
Avec chaque boisson gazeuse – une chance de gagner des vacances
Livre offert aux petits
Ouvert sept jours sur sept
Commandé en ligne et plat livré chaud en une demi-heure

C
Deux Moulins
Restaurant européen
Ambiance sympa avec carte variée
Plats de bonne qualité
Terrasse et jardin
Fermé le lundi et mardi

D
Le Ritz
Réservations obligatoires
Ambiance intime
Haute cuisine avec chef célèbre
École de cuisine
Heures d'ouverture 12h00–22h00 tous les jours, sauf le lundi

Choisis le restaurant où on peut...

1. recevoir des jouets
2. visiter chaque jour
3. avoir des livraisons à domicile
4. apprendre à cuisiner
5. manger en plein air
6. faire un concours
7. être vite servi
8. avoir des prix réduits

SPEAKING

Role play
- Say what you like to eat
- Say what food you would like to try
- Ask your friend what their favourite food is
- Ask your friend if they like going to restaurants
- Say if you like cooking and why
- Say what you had for dinner yesterday

LISTENING

Listen to this customer's complaint at a restaurant. Answer the questions in English.

1. How long did the customer have to wait before being served?
2. What did the waiter forget?
3. What was wrong with the meals?
4. What could they have had for dessert?
5. What was the worst thing?
6. Why?
7. By how much were they overcharged?
8. What has the customer done, and why?

CUSTOMS AND TRADITIONS | 145

READING

Read the TripAdvisor reports from some French visitors to the restaurant L'Ile Verte in Quiberon. Complete the grid in English.

Avis 1 : Avis écrit le 2 août
« Menu de 16,50 € qui inclut l'entrée, le plat et le dessert. Terrasse avec vue magnifique sur la mer. Si vous êtes en vacances il faut y aller. »

Avis 2 : Écrit le 16 septembre
« Service excellent et bon rapport avec les clients. Repas de bonne qualité avec des prix intéressants. »

Avis 3 : Écrit le 10 octobre
« Une joie d'y aller. Mon mari a renversé sa boisson sur la pizza de mon fils – ils nous en ont offert une autre gratuite ! »

Avis 4 : Visité en été
« Assiette de crevettes à ne pas manquer ! Les glaces sont fantastiques ! Vue de la plage. »

	Review 1	Review 2	Review 3	Review 4
Date of review				
Opinion				
Information				

WRITING

Écris un commentaire pour un site web au sujet d'une visite récente dans un restaurant. Il faut inclure :
- La situation du restaurant
- Ce que tu as bu et mangé
- Le service du personnel
- Tes opinions

EXTRA
Recommanderais-tu le restaurant ? Pourquoi (pas) ?

READING

Translate the following paragraph into English:
D'habitude en France on prend le déjeuner entre midi et quatorze heures. Si on est chez soi, à l'école ou au restaurant, on mange un déjeuner traditionnel. La plupart des Français mangent une entrée, un plat principal et du fromage ou un dessert. À boire c'est toujours de l'eau ou du vin pour les adultes.

GRAMMAR

Adverbs of place and time
You will need to recognise and use the following adverbs:

Place:
- dedans – inside
- dehors – outside
- ici – here
- là-bas – over there
- loin – far
- partout – everywhere

Time:
- après-demain – the day after tomorrow
- aujourd'hui – today
- avant-hier – the day before yesterday
- déjà – already
- demain – tomorrow
- hier – yesterday
- le lendemain – the following day

7A FOOD AND DRINK (3)

READING
Read the information and answer the questions in English

Le couscous est un plat d'origine du Maghreb. Il est célèbre dans les Aurès qui se trouvent dans l'est de l'Algérie.

Le couscous est classé parmi les top trois repas favoris des Français. Les Français ont commencé à manger le couscous pendant la première guerre mondiale quand les soldats algériens sont venus pour lutter au côté de la France.

Le couscous est souvent servi avec des légumes et de la viande.

1. From which countries does couscous originally come?
2. Where is Aurès?
3. How do we know the French like couscous?
4. When was couscous first introduced to France?
5. Why?
6. What is couscous usually served with?

SPEAKING
Photo card
- Décris cette photo/Qu'est-ce qui se passe sur cette photo?
- Qu'est-ce que tu aimes manger ? Pourquoi ?
- À mon avis les restaurants coûtent cher. Qu'en penses-tu ?
- Décris une visite que tu as faite au restaurant.
- Comment serait ton dîner préféré ? Pourquoi ?

LISTENING
Listen to the news report about family mealtimes and young people. Answer the questions in English.

1. How many young French people are obese?
2. What do half of young people do at the same time as eating?
3. What opinions are given by young people about eating with their family?
4. What have scientists discovered with regards to young people's eating habits?
5. Why is it important to eat at the table with your family?
6. What is eating at the table with your family good for?

WRITING
Translate the following into French:

1. I prefer eating with my family at the table.
2. I love eating in Chinese restaurants.
3. Yesterday I cooked lunch for my friends.
4. I would like to learn how to cook in a cookery school.
5. My mother is a terrible cook!

GRAMMAR
Expression of quantities using *de*

In French, *de* is often used when discussing contents and quantities.

Here are some of the most common:

- beaucoup de – a lot of
- une boîte de – a jar/tin of
- une bouteille de – a bottle of
- grammes de – grams of
- un kilo de – a kilo of
- un paquet de – a packet of
- un peu de – a little bit of
- un pot de – a pot of
- une tablette de – a bar of
- une tranche de – a slice of

CUSTOMS AND TRADITIONS | **147**

READING

Lis le texte du livre « Petits gâteaux de grands pâtissiers » par Cécile Coulier. Il s'occupe de Christophe Adam, un célèbre pâtissier français.

Le dimanche chez ma grand-mère, c'était le cérémonial : chacun avait « son » gâteau ! Moi, c'était le mille-feuille classique, avec le fondant dessus. Je ne savais pas le couper, j'en mettais partout ! J'aimais surtout la crème et le fondant… Je laissais la moitié du mille-feuille dans l'assiette !

Petit, les mercredis après-midi dans la cuisine familiale, Christophe a lu le cahier de recettes de sa maman et a commencé ses premières expériences pâtissières. « Mon gâteau au yaourt, je le faisais pour moi et je le dévorais encore chaud ! »

1. Avec qui Christophe a-t-il passé le dimanche?
   a.
   b.
   c.

2. Le dimanche, la famille a mangé…
   a.
   b.
   c.

3. Il ne pouvait pas utiliser…
   a.
   b.
   c.

4. Il a laissé… du gâteau.
   a. ½
   b. ⅓
   c. ¼

5. Les mercredis après-midi il était dans…
   a.
   b.
   c.

6. Il a cuisiné un gâteau au…
   a.
   b.
   c.

7. Il a aimé manger son gâteau…
   a. chaud
   b. froid
   c. avec le fondant

7A FOOD AND DRINK VOCABULARY GLOSSARY

un abricot	an apricot
l'agneau	lamb
l'ail	garlic
un ananas	a pineapple
une banane	a banana
le beurre	butter
le bifteck	beef steak
le bœuf	beef
la boisson	drink
la boisson gazeuse	fizzy drink
les bonbons	sweets
le cacao	cocoa
une casserole	stew
une cerise	a cherry
un champignon	a mushroom
les chips	crisps
le chocolat chaud	hot chocolate
un chou	a cabbage
un chou-fleur	a cauliflower
un citron	a lemon
le coca	coke
un concombre	a cucumber
la confiture	jam
la crème	cream
la dinde	turkey
l'eau	water
une fraise	a strawberry
une framboise	a raspberry
les frites	chips
le fromage	cheese
les fruits de mer	seafood
un gâteau	cake
une glace	ice cream
un haricot vert	a green bean

le jambon	ham
le lait	milk
la laitue	lettuce
la limonade	lemonade
la moutarde	mustard
les nouilles	noodles
l'œuf	egg
l'œuf brouillé	scrambled egg
l'œuf sur le plat	fried egg
le pain	bread
un pamplemousse	a grapefruit
les pâtes	pasta
une pêche	a peach
les petits pois	peas
une poire	a pear
le poisson	fish
un poivre	a pepper
une pomme	an apple
une pomme de terre	a potato
le potage	soup
le poulet	chicken
une prune	a plum
un raisin	a grape
la saucisson	sausage
le sel	salt
le sucre	sugar
le thé	tea
le vin	wine
le yaourt	yoghurt
une boîte	a can/tin
une bouteille	a bottle
un couteau	a knife
les couverts	cutlery
une cuillère	a spoon
le déjeuner	lunch
le dîner	dinner
un four	a cooker
une fourchette	a fork
un micro-onde	a microwave

un paquet	a packet
le petit déjeuner	breakfast
un plateau	a tray
une poêle	a frying pan
une recette	a recipe
un repas	a meal
une tasse	a cup
un verre	a glass
délicieux	delicious
juteux	juicy
mauvais pour la santé	unhealthy
piquant	spicy
sain	healthy
sucré	sweet
avoir faim	to be hungry
avoir soif	to be thirsty
boire	to drink
boire de l'alcool	to drink alcohol
éviter	to avoid
fumer	to smoke
grignoter	to snack
goûter	to taste
il faut	you must
manger	to eat
on doit	you should
prendre	to have
rôtir	to roast
verser	to pour

CUSTOMS AND TRADITIONS | **151**

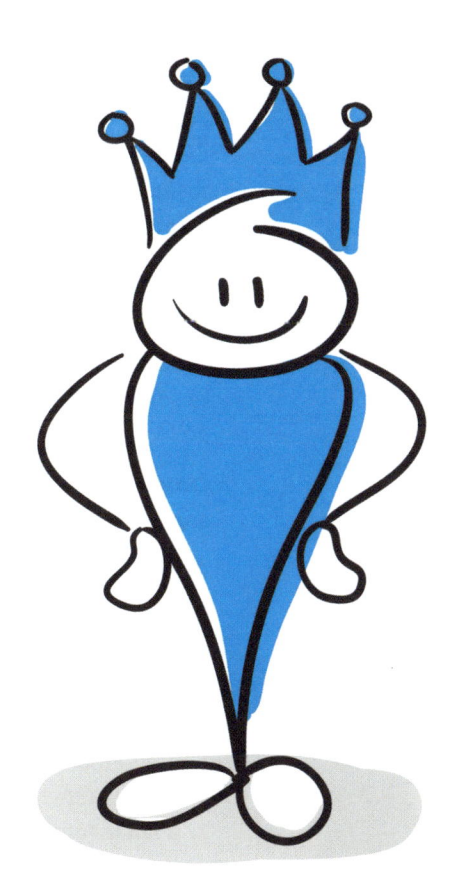

7B FESTIVALS AND CELEBRATIONS (1)

READING

Read this card announcing the birth of a baby. Answer the questions in English.

La famille s'agrandit!

J'ai enfin découvert ce que maman cachait dans son gros ventre : mon petit frère Clément !

Il est né le seize décembre à neuf heures trente-trois.

Il pesait 3,4 kilos et mesurait quarante-neuf centimètres.

Papa et maman sont très heureux d'agrandir la famille, moi aussi – je ne suis plus le plus jeune !

À bientôt

Julien

1. What did Julien find out?
2. Who is Clément in relation to Julien?
3. On what date was Clément born?
4. At what time was Clément born?
5. What length was Clément?
6. Why is Julien happy?

READING

Lis les commentaires et choisis le bon nom.
Comment as-tu fêté tes 18 ans?

Julie : J'ai fait la fête pendant tout le mois de juillet, avec des sorties avec mes amis et des repas en famille !

Irène : Je ne pouvais pas fêter mon anniversaire parce que j'ai dû réviser pour un examen !

Joseph : J'ai passé une nuit blanche. J'étais en vacances avec mes amis.

Benoît : J'ai mangé le plus grand gâteau au chocolat que j'aie jamais vu de ma vie ! C'était délicieux !

Emma : J'ai fait du ski dans les Alpes avec ma famille. Le soir nous avons mangé une raclette – mon repas préféré et j'ai bu du champagne !

Odette : Moi, j'ai eu ma propre voiture pour mon anniversaire donc j'ai pris la route avec mes amis !

Qui... ?

1. sait conduire
2. est sportive
3. n'est pas contente
4. a son anniversaire en été
5. était étonné
6. a fait la fête toute la nuit
7. a fait la fête pendant quatre semaines

EXTRA

Find the French for:
- I stayed up all night
- my own car
- I couldn't
- that I have ever seen
- took to the road

CUSTOMS AND TRADITIONS | 153

LISTENING

Listen to the conversation and answer the questions in English.
1. What is the good news?
2. Which country is Bangaly from?
3. How is Valérie feeling?
4. On what date is the event taking place?
5. At what time is the event taking place?
6. Where is the party?

WRITING

Écris au moins une phrase au sujet des points suivants.
- Tes opinions des fêtes
- Ce que tu fais normalement pour fêter ton anniversaire
- Ce que tu as fait l'année dernière pour fêter ton anniversaire
- Ce que tu feras l'année prochaine pour fêter ton anniversaire
- Ton anniversaire idéal

GRAMMAR

Adverbs: comparative and superlative

The main adverbs that you will need to use for comparing things are:

- aussi… que – as … as
- meilleur… que – better … than
- mieux – best
- moins… que/de – less … than
- plus… que/de – more … than

e.g.

- Mon cadeau est plus grand que le tien – My present is bigger than yours
- Je dépense plus d'argent que mon frère – I spend more money than my brother

Adverbs can also be used as superlatives e.g.

- Le chocolat est le mieux ! – Chocolate is the best!
- C'était le plus cher – It was the most expensive

SPEAKING

Photo card
- Décris cette photo/Qu'est-ce qui se passe sur cette photo ?
- Préfères-tu fêter ton anniversaire en famille ou avec des amis ? Pourquoi ?
- Je pense que les anniversaires coûtent cher. Qu'en penses-tu ?
- Décris ton meilleur anniversaire.
- Comment serait ton anniversaire idéal ?

7B FESTIVALS AND CELEBRATIONS (2)

READING
Read the list of things you should take to a festival. Match 1–10 to a–j.

1. La tente
2. Un matelas/tapis de sol
3. Sac de couchage
4. Crème solaire
5. Chapeau
6. Lunettes de soleil
7. Vêtements pour la pluie
8. Sac en plastique
9. Un short
10. Un pantalon

a. Shorts
b. Sun cream
c. Sleeping bag
d. Tent
e. Trousers
f. Plastic bag
g. Sunglasses
h. Clothes for the rain
i. Mat or ground sheet
j. Hat

LISTENING
Écoute cette annonce pour un festival de musique, « Détours de Babel ». Remplis la grille en français.

Ville:

Dates du festival:

Genres de musique:

Concert d'ouverture:

Concert final:

Prix:

SPEAKING
Role play
- Ask your friend when their birthday is
- Say what you had for your birthday last year
- Say how you normally celebrate your birthday
- Say what your favourite party is and why
- Ask your friend what they think of parties
- Describe your ideal party

WRITING
Écris un article pour un magazine de musique. Donne des détails et justifie tes opinions sur les points suivants.
- L'importance des festivals de musique
- Les aspects négatifs de faire du camping dans un festival
- Un festival que tu aimerais visiter

GRAMMAR
Perfect tense with reflexive verbs
All reflexive verbs in the perfect tense (past) are made with the present tense of **être** e.g. se laver (to get washed).

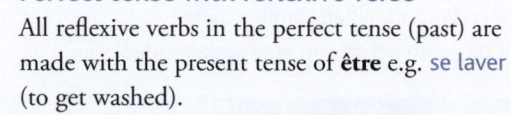

- Je me suis lavé(e) – I washed myself
- Tu t'es lavé(e) – you washed yourself
- Il s'est lavé – he washed himself
- Elle s'est lavée – she washed herself
- Nous nous sommes lavé(e)s – we washed ourselves
- Vous vous êtes lavé(e)(s) – you washed yourself
- Ils se sont lavés – they washed themselves (masculine)
- Elles se sont lavées – they washed themselves (feminine)

CUSTOMS AND TRADITIONS | 155

READING

Read the following advert for the music festival 'Nuits de Fourvière'. Answer the questions in English.

Les Nuits de Fourvière ont lieu à Lyon entre le premier juin et le trente juillet.

On peut assister à toutes sortes de concerts. En voici quelques-uns:

Premier juin : Concert d'ouverture – Radiohead

15 juin : Concerts pour les amateurs de guitares

16 juin : Concert par les jeunes sensations australiennes – Tame Impala

4 juillet : Duo britannique: Stars

9 juillet : Benjy, la nouvelle sensation française

10 juillet : Les vieux chanteurs de rock – Patti Smith et Iggy Pop

11 juillet : Soirée africaine

15 juillet : Soirée de jeune rock

25 juillet : Hommage au musicien Moonday décédé en deux mille neuf – il aurait fêté ses cent ans cette année !

1. When is the last date of the festival?
2. Which concert is Radiohead doing?
3. What nationality are Stars?
4. When will the young rock stars be at the concert?
5. When will the older rock stars be at the concert?
6. What happened in 2009?

Translate the following paragraph into English:

Le festival de musique de Lille a eu lieu entre le vingt mai et le trente mai. J'y suis allé avec mes amis et nous nous sommes couchés sous une tente. C'était la première fois que je suis parti sans mes parents. C'était un weekend inoubliable !

READING

7B FESTIVALS AND CELEBRATIONS (3)

READING

Lis cet article au sujet du Festival de films à Cannes. Remplis les blancs.

Le Festival de Cannes (1) _____ ses portes au (2) _____. Le festival français est le festival de film le (3) _____ connu au monde. Il se passe à Cannes dans le (4) _____ de la France. Le début du festival (5) _____ le premier mai.

Les cérémonies d' (6) _____ et de clôture seront télévisées à la (7) _____ Canal+. Le festival durera une (8) _____. Vous pourrez voir toutes les (9) _____ sur le tapis rouge.

acteur	ouvre	seront
chaîne	passe	sous
ferme	plus	sud
fermeture	printemps	vedettes
hiver	route	voir
moins	semaine	
ouverture	sera	

READING

Read the extract adapted from the novel *La mort au Festival de Cannes* by Brigitte Aubert. Answer the questions in English.

Depuis mon accident, je ne regarde plus les films, je les écoute. J'imagine les images. Les décors. Les visages. C'est le plus dur à imaginer, les visages. L'avantage des vieux films, c'est que je connais les acteurs, je peux les faire jouer dans ma tête... Et le nouveau 007. Daniel Craig... un James Bond musclé et blond m'a-t-on dit.

1. What has happened since her accident?
2. What does she imagine?
3. What is the thing she finds hardest to imagine?
4. What is the advantage of old films?
5. How is James Bond described?

LISTENING

Listen to the report about a festival. Answer the questions in English.

1. When is the festival held?
2. Where is the festival held?
3. Which country is the theme of the festival?
4. What can you see and do at the festival?
5. How much does it cost?
6. Which number album did Suzanne Vega release at the festival?
7. What instrument will Cécile Corbel play this evening?
8. What else can Cécile do?

SPEAKING

Conversation
- Est-ce que tu aimes les festivals ? Pourquoi (pas) ?
- Penses-tu que les traditions culturelles sont importantes ? Pourquoi (pas) ?
- Quel est ton festival préféré dans ton pays ? Pourquoi ?
- As-tu visité un festival ?
- Quelle est ta festival préférée ? Pourquoi ?
- Quel serait ton festival de rêve ? Pourquoi ?

WRITING

Translate the following sentences into French:
1. The festival has a great atmosphere.
2. Lots of tourists came to the music festival last year.
3. I am going to the cinema with my friends to celebrate.
4. I would like to go to a film festival.
5. Next year I am going to go camping at the festival.

CUSTOMS AND TRADITIONS | 157

En, au, aux

The words 'en, au, aux' mean 'in' or 'to' when discussing a country.

'En' is used for feminine countries e.g.

- Je suis allé en Italie – I went to Italy
- Le festival est en Irlande – The festival is in Ireland

'Au' is used for masculine countries e.g.

- J'habite au Pays de Galles – I live in Wales
- Il est au Canada – He is in Canada

'Aux' is used for plural countries e.g.

- Il travaille aux États-Unis – He works in the USA

7B FESTIVALS AND CELEBRATIONS VOCABULARY GLOSSARY

les activités culturelles	cultural activities
agricole	agricultural
l'anniversaire (m.)	birthday
l'Assomption	Feast of the Assumption
le bal	ball (dance)
la chanson	song
chanter	to sing
la coiffe	head-dress
le costume national	national costume
danser	to dance
le festival	festival
la fête des Mères	Mother's Day
la fête des Pères	Father's Day
la fête des Rois	Epiphany
la fête du travail	Labour Day
la fête folklorique	folk festival
la fête foraine	funfair
la fête nationale	national festival
la Fête nationale	Bastille Day
les feux d'artifice	fireworks
la foire	fair
le goût	taste
historique	historic
le jour de l'an	New Year's Day
le jour férié	public holiday
le Mardi Gras	Shrove Tuesday
le mariage	wedding
le Noël	Christmas
le Nouvel An	New Year
le Pâques	Easter

plein air	open air, outdoors
le réveillon de Noël/du nouvel an	Christmas/New Year's Eve party
la Saint–Sylvestre	New Year's Eve
le soir	evening
le soirée musicale	musical evening
le spectacle	performance, show
la Toussaint	All Saints' Day
traditionnel	traditional
la veille de Noël	Christmas Eve

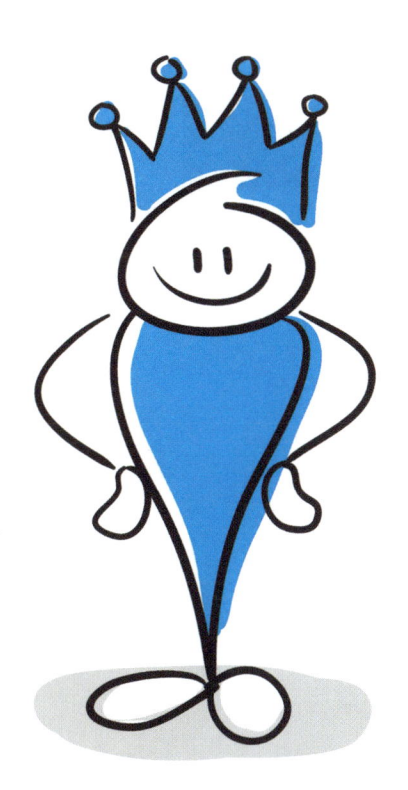

7A FOOD AND DRINK

7B FESTIVALS AND CELEBRATIONS

GRAMMAR IN CONTEXT

1. ADVERBS: QUANTIFIERS AND INTENSIFIERS

Translate the sentences into French using the correct quantifiers and intensifiers.

1. My brother drank too much cola.
2. It is very hot during the festival.
3. They like to drink a little wine with their meal.
4. There were lots of tourists.
5. I have eaten enough chocolate.

Using quantifiers and intensifiers will add more detail to your spoken and written French. See page 213 for more details.

2. ADVERBS OF PLACE AND TIME

Complete the sentences with the correct adverb.

1. Le concert se trouve _____ du centre.
2. Tous les concerts ont lieu _____.
3. _____ je suis allé à une boum.
4. J'ai _____ assisté à beaucoup de concerts.
5. Pendant le festival il y a des touristes _____.
6. _____ nous irons au marché.

| déjà | loin | partout |
| après-demain | hier | dehors |

Adverbs are essential to express how, when, where or to what extent something is happening – see page 213 for more information on adverbs in French.

3. EXPRESSION OF QUANTITIES USING *DE*

Write the French for each picture.

1.
2.
3.
4.
5.

> Remember that in French, 'de' is often used when discussing contents and quantities.

4. ADVERBS: COMPARATIVES AND SUPERLATIVES

Translate the following into French.

1. The cake was the most delicious.
2. The festival was the worst.
3. I am the fastest.
4. My brother is the kindest.
5. Chocolate is the best.
6. I spend more money than my sister.

> As with adjectives, you can make comparisons with adverbs using 'plus que' and 'moins que'. You can also use superlative adverbs. See page 211 for more information.

5. PERFECT TENSE WITH REFLEXIVE VERBS

Write a paragraph about your last birthday or a recent family celebration in the perfect tense. Include the following reflexive verbs in the perfect tense as part of your paragraph.

1. se réveiller
2. se lever
3. s'habiller
4. s'asseoir
5. se casser
6. s'énerver
7. se coucher

> All reflexive verbs in the perfect tense (past) are made with the present tense of **être**. Remember to make them agree!

6. *EN, AU, AUX, À LA*

Complete the gaps in the following phrases.

1. Le festival a lieu _____ (in) France.
2. J'adore les restaurants _____ (in) Paris.
3. Les touristes vont _____ (to) ville.
4. Il y a beaucoup de restaurants typiques _____ (in) Portugal.
5. Il travaille _____ (in) Etats-Unis.

> The words 'en, au, aux' mean 'in' or 'to' when discussing a country or place.

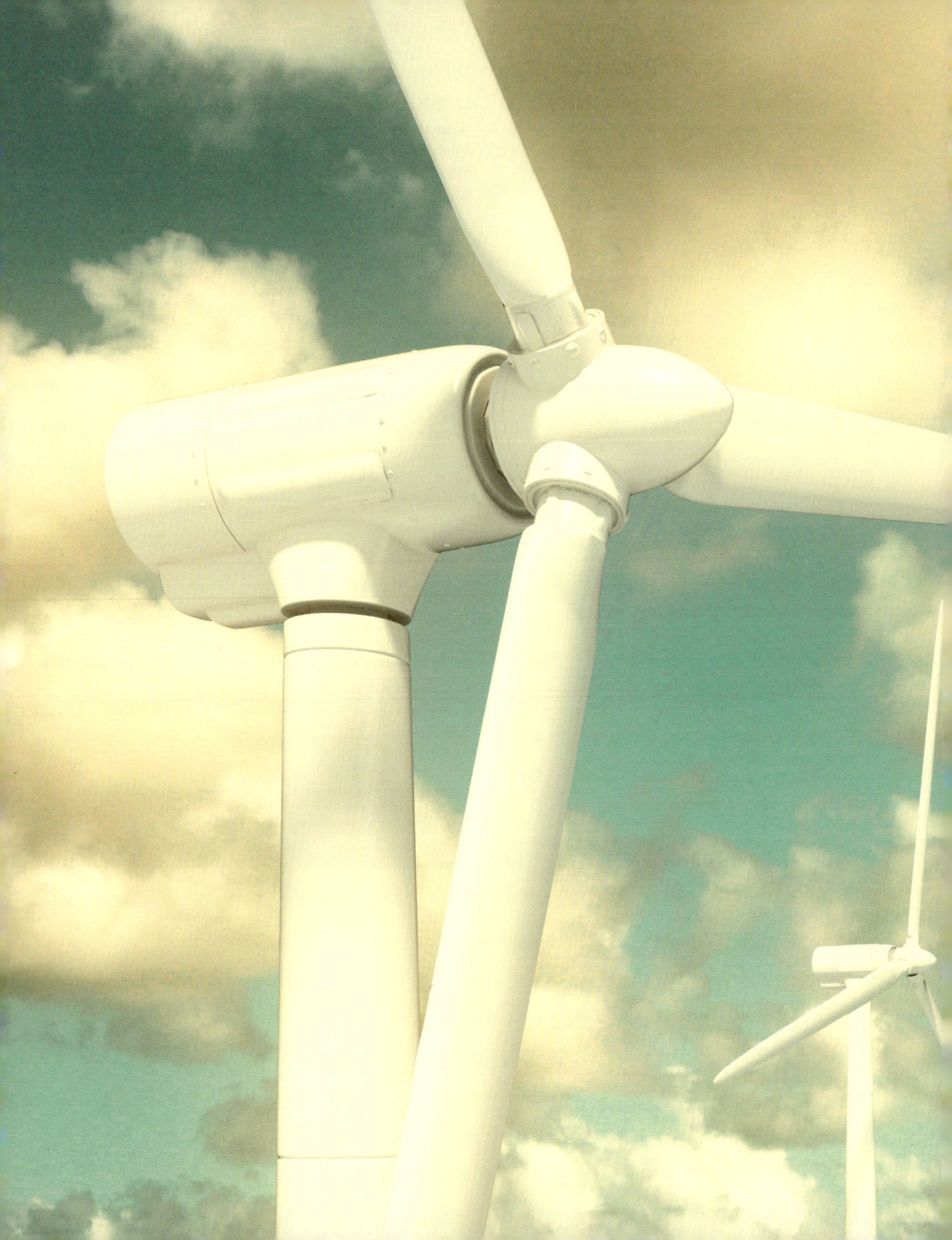

THEME: WALES AND THE WORLD – AREAS OF INTEREST

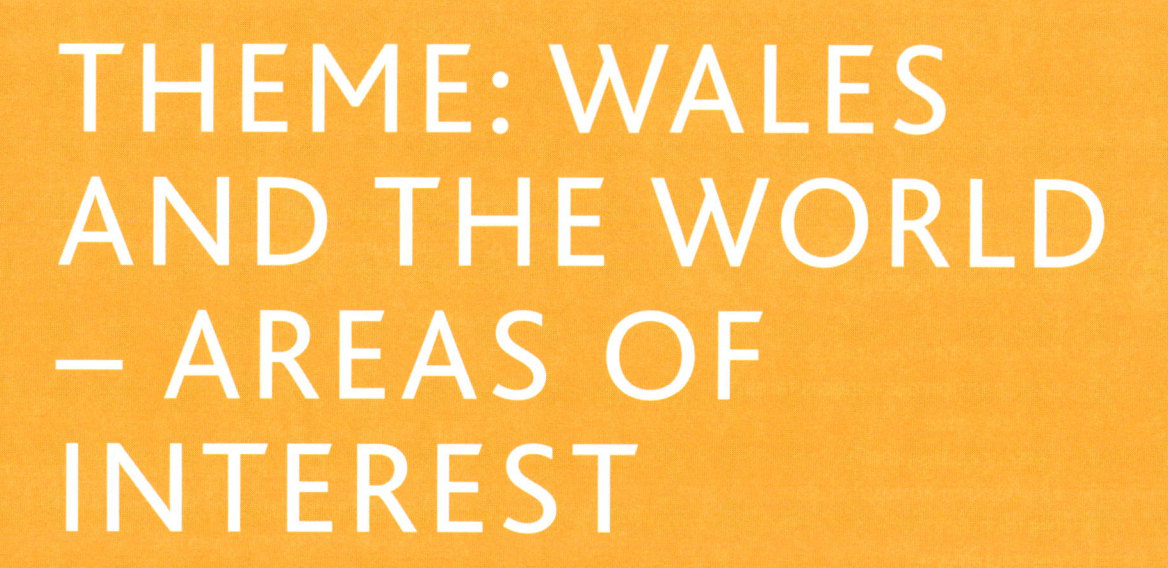

UNIT 3

GLOBAL SUSTAINABILITY

8A ENVIRONMENT (1)

READING

Match 1–10 to a–j.

1. L'effet de serre
2. Les déchets nucléaires
3. La marée noire
4. La destruction des forêts
5. La disparition des espèces rares
6. La pluie acide
7. L'essence sans plomb
8. La pollution atmosphérique
9. Les inondations
10. Les sécheresses

a. Floods
b. Acid rain
c. Disappearance of rare species
d. Unleaded petrol
e. Droughts
f. Destruction of forests
g. Greenhouse effect
h. Atmospheric pollution
i. Oil slick
j. Nuclear waste

GRAMMAR

Indefinite pronouns

You will find the following indefinite pronouns will keep cropping up and you may want to use them when writing or speaking:

- quelqu'un – someone e.g. Quelqu'un a laissé le robinet ouvert
- quelque chose – something e.g. J'ai mangé quelque chose de nouveau
- quelque part – somewhere e.g. Quelque part dans le monde
- tout le monde – everyone e.g. Tout le monde doit recycler
- personne ne… – no one e.g. Personne ne veut recycler

GLOBAL SUSTAINABILITY | **165**

READING

Read the three verses from the poem 'L'environnement' by Mariche Ahcene. Answer the questions in English.

Rares ceux qui ont du respect
Pour l'environnement qui nous entoure
Ils n'accordent aucun intérêt
Et semblent non concernés pour toujours
On y jette toutes sortes de déchets
En les répandant tout autour.

Nul endroit n'est épargné
Par leurs mains, mes frères !
Ni les monts, ni les forêts
Ni les plaines ni les rivières
Ni les vastes étendues désertées
Et ni même notre unique mer !
...

Nous nettoyons la crasse de l'intérieur des maisons
Pour la jeter devant la porte pêle-mêle
De nos repas préparés quotidiennement
Combien d'assiettes sont jetées à la poubelle ?
Nous avons surpollué l'environnement
Hommes, femmes, enfants et demoiselles.

1. What is rare?
2. What do people throw away?
3. Name **three** locations mentioned in verse 2 where pollution takes place.
4. What chore is mentioned in the last verse?
5. What question is asked in the last verse?
6. According to the poet, who has polluted the environment?

LISTENING

Écoute le reportage sur les problèmes de l'environnement. Remplis les blancs.

L'effet de serre (1) _____ causé par les émissions de gaz (2)_____. La (3) _____ se réchauffe et il y a des (4) _____ et des sécheresses.

Une marée (5) _____ est très dangereuses et elle peut (6) _____ des millions de poissons et d' (7) _____.

La (8) _____ acide est causée par les émissions des (9) _____ et des automobiles. Les gaz se transforment en acides et (10) _____ ils sont mélangés avec la pluie, cela tue la végétation.

carbon	oiseaux	terre
carbonique	noir	tard
est	noire	tuer
et	pleuvoir	tue
immédiate	pluie	usines
inondations	quand	usine
oiseau	qu'on	

WRITING

Écris au moins une phrase pour exprimer tes opinions sur les points suivants.
- Les problèmes de l'environnement
- Le réchauffement de la terre
- L'énergie renouvelable
- Les problèmes de l'environnement dans ta région

SPEAKING

Role play
- Ask your friend if they are environmentally friendly
- Say what you do at school to help the environment
- Ask your friend how often they recycle
- Say what the biggest environmental problem is in your area
- Say what you did at home last week to help the environment
- Say how you could improve the problems in your area

READING

Translate the following sentences into English:
1. Le recyclage des déchets nucléaires est très dangereux et coûte cher.
2. Les forêts amazoniennes sont détruites pour leur bois.
3. Les plantes, les oiseaux et les poissons meurent à cause de l'eau polluée.
4. L'effet de serre réchauffe la terre.
5. Il y a plus d'inondations et de sécheresses dans le monde d'aujourd'hui.

8A ENVIRONMENT (2)

READING

Read the leaflet about recycling waste. Complete the grid in English.

Mardi et samedi en juillet et en août : collecte des sacs jaunes

Il faut mettre dans les sacs jaunes :

Bouteilles en plastiques vides, petits emballages en carton (pas de gros carton), boîtes, canettes, barquettes en aluminium, aérosols bien vidés.

Le vendredi en juillet et en août : collecte des sacs noirs

On peut mettre dans les sacs noirs :

Sacs en plastiques, pots de yaourt, assiettes de carton, ampoules, gobelets en plastique, barquettes en plastique.

Attention !

Le jeudi en juillet et août : collecte des sacs bleus

Les papiers, magazines et journaux sont à déposer dans les sacs bleus.

Colour bags	Yellow	Black	Blue
Three items that go in the bag			
Collection dates			

SPEAKING

Photo card
- Décris cette photo/Qu'est-ce qui se passe sur cette photo ?
- Penses-tu que le recyclage est important ? Pourquoi (pas)?
- Protéger l'environnement est la responsabilité des jeunes. Qu'en penses-tu ?
- Qu'est-ce que tu as fait pour être « écolo » la semaine dernière ?
- Que peut-on faire dans ta région pour améliorer les problèmes de l'environnement ?

GLOBAL SUSTAINABILITY | 167

LISTENING

Listen to the report on how long items take to decompose. Fill in the gaps in the grid in English.

Items	How long it takes to decompose
(jacket)	
(newspapers)	2–3 months
(chewing gum)	
(plastic bottles)	100–500 years
(glass bottles)	
(batteries)	

READING

Lis l'article d'un journaux et remplis les blancs.

Cet été on recycle et on crée

En (1) _____ nous avons le temps en famille, alors pourquoi pas (2)_____ créatif avec vos (3) _____ et transformer votre (4) _____ en objets d'art !

On apprend aux enfants pendant l'(5) _____ qu'il est important de (6) _____ et il ne faut pas l'oublier en vacances ! Ça ne (7) _____ presque rien et la matière est (8) _____ à trouver. Encouragez les enfants à utiliser leur imagination et leurs (9) _____ en même temps que de passer des (10) _____ de qualité en famille ou avec des amis. C'est aussi une bonne activité quand il (11) _____ !

Mais attention ! Ce n'est pas un exercice d' (12) _____ ! Cependant vous apprenez aux enfants l'importance de recycler les objets et l'importance d'être créatif.

année	facile	pleut
coûte	heures	recyclage
école	mains	recycler
être	petits	vacances

WRITING

Écris un dépliant au sujet de l'importance de recycler. Il faut inclure :
- Les produits qu'on recycle à la maison
- Les moyens de recycler
- L'importance de recycler

GRAMMAR

The passive

The passive uses the verb **être** (to be) with the past participle of the verb. It is used to say what has been done to someone or something.

- Present passive e.g. Le recyclage est fait – The recycling is done
- Imperfect passive e.g. J'étais respecté – I was respected
- Perfect passive e.g. J'ai été piqué par une abeille – I have been stung by a bee

8A ENVIRONMENT (3)

READING

Lis les phrases sur les énergies renouvelables et remplis les blancs avec la source d'énergie de la liste.

1. On capte les rayons du _____.
2. Les éoliennes utilisent le _____.
3. On utilise l'_____ avec les barrages hydroélectriques.
4. La _____ est quand on utilise l'énergie des matières organiques.
5. La _____ du sous-sol est l'énergie qu'on trouve dans la terre.

biomasse   eau   vent
chaleur   soleil

SPEAKING

Conversation
- À ton avis, quels sont les problèmes les plus graves de l'environnement ?
- Quelles sont les solutions ?
- Que fais-tu pour réduire ta consommation de l'énergie ?
- Quel recyclage as-tu fait la semaine dernière ?
- À ton avis, quels seront les problèmes les plus graves de l'environnement à l'avenir ?
- Qui est responsable de l'environnement ? Pourquoi ?

LISTENING

Listen to this news item. Answer the questions in English.
1. What has Greenpeace said about France?
2. What is of most concern?
3. By how much will France see the average temperature rise?
4. What environmental changes can already be seen in France?
5. What is said about the Rhône glacier?
6. What information is given about the seasons?

READING

Read the newspaper article about renewable energy. Choose the five correct statements.

En Bretagne huit pourcent de l'énergie qu'on utilise est créée par de l'énergie renouvelable. Ici on utilise les six sources d'énergie suivantes : le bois bûche, chaleur, biogas, éolien, électricité secondaire et solaire/thermique.

Alors la Bretagne fait sa part en réduisant les gaz à effet de serre. L'année dernière l'usage de l'énergie renouvelable dans la région a augmenté de douze pourcent. La cible cette année est le double.

Voici quelques statistiques et informations sur les énergies renouvelables en Bretagne.

- L'usage de bois bûche a augmenté de plus de quarante pourcent.
- Il existe quatre cent quatre-vingt-sept éoliennes en Bretagne.
- Les éoliennes sont en mer et sur la terre.

1. Eight forms of renewable energy are used in Brittany.
2. Six forms of renewable energy are used in Brittany.
3. 6% of energy comes from renewable sources.
4. 8% of energy comes from renewable sources.
5. Brittany's climate is improving.
6. Brittany is helping towards reducing the greenhouse effect.
7. This year renewable energy usage has increased by 12%.
8. This year renewable energy usage has doubled.
9. There are 487 wind turbines in Brittany.
10. There are 427 wind turbines in Brittany.

WRITING

Translate the following into French:
1. We must think of the future.
2. You should recycle.
3. You need to use the train instead of the car.
4. In my opinion it's everyone's responsibility.
5. We must protect the environment.

Depuis

You have already seen that 'depuis' can be used with the present tense to mean 'has/have been' in a time frame e.g.

- J'apprends à recycler depuis l'âge de trois ans.
  I have been learning to recycle since the age of three.
- Je suis ici depuis quatre heures !
  I have been here for four hours!

'Depuis' can also be used with the imperfect tense to mean 'had been …' e.g.

- Il habitait en France depuis trois ans.
  He had been living in France for three years.

8A ENVIRONMENT VOCABULARY GLOSSARY

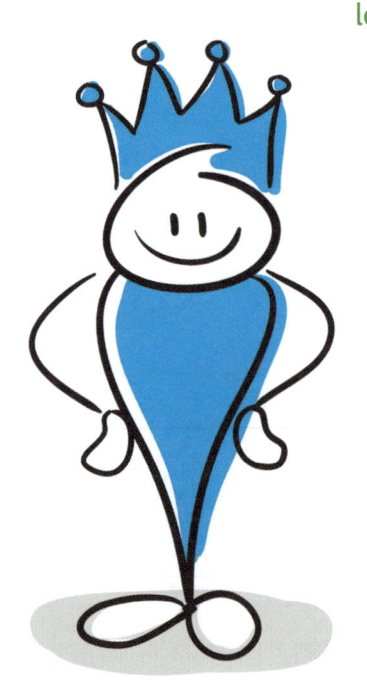

une boîte	a can/tin
une bouteille de verre	a glass bottle
le dépôt de bouteilles	bottle recycling depot
le détritus	rubbish
disparaître	to die out
économiser	to save
l'emballage	packaging
le gaspillage	waste
gaspiller	to waste
jeter	to throw away
menacer	to threaten
une poubelle	a dustbin
recycler	to recycle
un sac en plastique	plastic bag
sauver	to save
séparer	separate
sortir	to take to
trier	to sort
un verre	a glass
le verre recyclable	glass for recycling

l'air	air
l'automobiliste	motorist
avertissement	warning
le bois	wood (material)
bon pour l'environnement	environmentally friendly
le bruit	noise
la brume	haze
la catastrophe	catastrophe
un centre nucléaire	nuclear power station
chauffeur	driver
la circulation	traffic

la couche d'ozone	ozone layer
couvert	covered
la crise	crisis
danger	danger
dangereux	dangerous
le déboisement	deforestation
les déchets	rubbish
les déchets atomiques	atomic waste
la destruction	destruction
l'effet de serre	greenhouse effect
endommagé	damaged
l'énergie	energy
l'énergie du vent	wind energy
l'énergie éolienne	hydro energy
l'énergie nucléaire	nuclear energy
l'énergie solaire	solar energy
l'environnement	environment
l'essence	petrol
la fleur	flower
la forêt	the forest
le gaz d'échappement	exhaust gas
l'huile	oil
l'île	island
l'industrie	industry
l'inondation	flood
le manque	lack
la marée noire	oil slick
les moyens de transport	means of transport
le pays en voie de développement	developing country
pollué	polluted
un produit nuisif	harmful substance
les produits chimiques	chemicals
la sécheresse	drought
la source d'énergie	source of energy
le trou	hole
la vapeur	vapour
le vaporisateur	spray can
la vie	life

aménager	to convert
brûler	to burn (off)
causer	to cause
déménager	to move
déranger	to disturb
détruire	to destroy
endommager	to damage
éteindre	to switch off
éviter	to prevent
gaspiller	to waste
habiter	to live
menacer	to threaten
polluer	to pollute
protéger	to protect
provoquer	to cause
réduire	to reduce
sauver	to save
utiliser	to use

les averses	showers
bas	low
beau	fine
briller	to shine
le brouillard	fog
la brume	mist
brumeux	foggy
la canicule	heatwave
le ciel	the sky
la chaleur	heat
chaud	hot
clair	clear
la climatisation	air conditioning
doux	mild
les éclaircies	sunny spells
les éclairs	lightning
ensoleillé	sunny
frais	fresh
froid	cold

geler	to freeze
glacial	icy
la grêle	hail
haut	high
lent	slow
lentement	slowly
mauvais	bad
la météo	the weather
mouillé	wet
la neige	snow
neiger	to snow
les nuages	clouds
nuageux	cloudy
les orages	storms
orageux	stormy
pleuvoir	to rain
la pluie	rain
pluvieux	rainy
profond	deep
le réchauffement climatique	global warming
respirer	to breathe
sauvage	wild
sec	dry
le siècle	century
le soleil	sun
la tempête	storm
le temps	the weather
tonner	to thunder
le tonnerre	thunder
le verglas	black ice

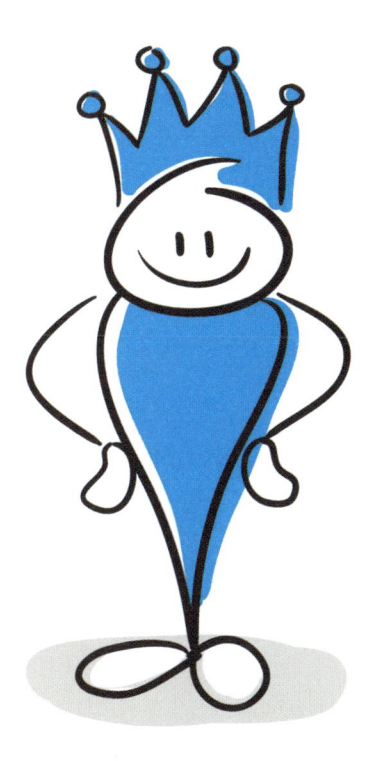

8B SOCIAL ISSUES (1)

READING

Lis les statistiques au sujet des pauvres en France. Lie les numéros 1–5 aux chiffres.

La France a entre cinq et huit millions de pauvres. Parmi ces pauvres il y a les personnes sans domicile fixe (SDF). Selon l'Insée, il y a environ cent trente mille SDF en France.

Dix-sept pourcent d'entre eux sont des femmes et vingt pourcent d'entre eux ont moins de vingt-cinq ans. Parmi les SDF âgés de seize à dix-huit ans, soixante-dix pourcent sont des femmes.

1. Pauvres
2. Sans domicile fixe
3. Femmes
4. -25 ans
5. 16–18 ans de femmes

17%   5,000,000–8,000,000
20%   70%
130,000

LISTENING

Listen to the news item about the Ebola virus. Answer the questions in English.
1. Where did the Ebola virus originally come from?
2. What are people not allowed to do with bush meat?
3. What has been banned?
4. Why?
5. What **two** facilities do the villages mentioned not have?

READING

Translate the following paragraph into English:
Est-ce que vous pouvez aider les sans domicile fixe à Lyon ? On vous invite à venir déposer les couvertures et les sacs de couchage en bon état cette semaine à la Mairie de la ville. Un petit geste très important peut aider les pauvres dans notre ville.

WRITING

Écris une lettre au Président au sujet d'un problème mondial qui te préoccupe. Donne des informations et exemples. Justifie tes opinions au sujet des points suivants.
- Pourquoi tu t'inquiètes de ce problème
- L'importance d'aider les pauvres
- Ce qu'on peut faire pour résoudre les problèmes de la pauvreté

Remember to set this out like a formal letter with an appropriate start and end. You will also need to use the 'vous' form. It is helpful if you plan your response.

- Say which global issue worries you and use appropriate verbs to give your opinions e.g. ce qui m'inquiète c'est… You could explain what kind of problems it causes or how it affects people, and you could also say what you think will happen in the future.
- You need to give several reasons why it's important to help other people. You could also mention what you have done recently to help other people e.g. charity events at school, raising money, volunteering.
- You can also mention what individuals can do e.g. tout le monde peut or should do e.g. tout le monde devrait and what the government should do e.g. le gouvernement devrait. This is a good opportunity to include the subjunctive if you can e.g. Le problème le plus grave que nous ayons rencontré chez nous, c'est le gaspillage de l'eau.

GLOBAL SUSTAINABILITY | 175

READING

Read the following article about the homeless in France. Answer the questions in English.

À Paris les personnes sans domiciles fixe (SDF) dorment normalement dans la rue, les gares, le Métro, les parkings et sous les ponts comme le pont Morland.

En l'an deux mille six, une nouvelle association française a été créée pour les aider. Elle s'appelle « Les Enfants de Don Quichotte ». L'association a mis deux cents tentes à côté du canal Saint-Martin comme centre d'hébergement pour les SDF. D'autres villes françaises ont ouvert des campements, à Nantes, Lille, Grenoble, Toulouse et à Bordeaux.

Les SDF sont confrontés à de nombreux problèmes tels que la faim, la santé, le chômage, l'alcoolisme, les drogues et la mortalité.

1. According to the article, where do homeless people usually sleep?
2. In which year did 'Les Enfants de Don Quichotte' begin?
3. What did they put by the Saint-Martin canal?
4. How many were put there?
5. According to the article, what problems are homeless people faced with?

SPEAKING

Photo card
- Décris cette photo/Qu'est-ce qui se passe sur cette photo ?
- Penses-tu qu'il est important d'aider les pauvres ? Pourquoi (pas) ?
- Penses-tu qu'il est important de donner de l'argent aux associations qui aident les pauvres ? Pourquoi (pas) ?
- Est-ce que tu fais des choses pour aider les pauvres ?
- Qu'est-ce qu'on peut faire pour aider les pauvres ?

8B SOCIAL ISSUES (2)

READING

Read the survey carried out in Paris about immigration. Fill in the gaps in English.

1. Voudriez-vous avoir des « immigrés » comme voisins ?
   - Oui 16%
   - Non 73%
   - Sans avis 11%
2. À votre avis, est-ce que les « immigrés » sont responsables du problème du chômage ?
   - Oui 41%
   - Non 48%
   - Sans avis 11%
3. Faut-il que les « immigrés » rentrent chez eux ?
   - Oui 32%
   - Non 58%
   - Sans avis 10%
4. Est-ce que les pays d'Europe doivent faire plus pour accueillir « les immigrés » ?
   - Oui 37%
   - Non 49%
   - Sans avis 14%
5. À votre avis où se trouvent la plupart des problèmes d'immigration ? Réponses données en ordre d'importance :
   i. Les centres-villes
   ii. Les banlieues
   iii. Le Métro
   iv. Les écoles
   v. Le bus
   vi. Le train
   vii. La route
   viii. Les villages

1. ___% of people surveyed said they wouldn't like immigrants as neighbours.
2. ___% of people surveyed said that immigrants were responsible for unemployment.
3. ___% of people surveyed said more needs to be done to welcome immigrants.
4. ___% of people surveyed didn't give their opinion about whether immigrants should go back to their own country.
5. ___% of people surveyed didn't give their opinion about whether they would like immigrants as neighbours.
6. According to the people surveyed, the top three places where most immigrants were found were _____, _____ and _____.

READING

Read the extract adapted from the novel *La fabrique du monstre : 10 ans d'immersion dans les quartiers nord de Marseille, la zone la plus pauvre d'Europe* by Philippe Pujol.

On ne quitte pas son pays. C'est la faim ou la violence qui vous en jette. Comme sa sœur Miyandi, deux années plus tôt, Bahuwa m'ouvre sa porte. Elles sont là toutes les deux... me faisant visiter l'appartement... Dans chaque pièce dorment au moins quatre personnes. Ils s'entassent peut-être à quinze dans ces 70 mètres carrés. Moins de place qu'en prison ... « on paye 672 euros de loyer et 70 euros de charge. » ... « on dort chacun son tour il y a ceux qui vont travailler et ceux qui se reposent », explique Miyandi.

1. What drives immigrants away from their country?
2. When did Miyandi leave her country?
3. After opening the door what did the sisters do?
4. At least how many people sleep in a room?
5. How many people live in the apartment in total?
6. What is the apartment compared to?
7. When some of the people sleep, what do the other people do?

WRITING

Translate the following into French:
This year in school we have raised nearly £1,000 for refugees from Africa. To raise this money we have had a concert. The older pupils also played a football match against the teachers. The teachers lost!

Conversation

- Quels sont les problèmes sociaux qui t'inquiètent le plus ?
- Quelle est ton organisation caritative préférée ? Pourquoi ?
- Comment est-ce qu'on peut aider les réfugiés ?
- Qu'est-ce que tu as fait pour aider les autres ?
- Que fais-tu au collège pour les organisations caritatives ?
- Que feras-tu à l'avenir pour aider les organisations caritatives ?

Écoute ce reportage sur l'organisation « Opération Enfant Noël » et trouve les cinq phrases vraies.

1. L'Opération Enfant Noël n'est que pour les enfants affectés par la guerre.
2. En France on a collecté 11 000 cadeaux.
3. En Suisse on a collecté 11 000 cadeaux.
4. La dernière date pour donner des cadeaux est en novembre.
5. Il y a cent endroits de collecte.
6. Il y aura cent cinquante endroits de collecte.
7. On peut mettre du chocolat et des bonbons dans les cartons.
8. On peut mettre des jouets dans les cartons.
9. On peut mettre des livres avec des mots dans les cartons.
10. Vous pouvez donner des cadeaux aux adolescents.

Translate the last two sentences into English.

You will probably have to use and recognise numbers in your exam – make sure you revise them. See page 219.

Here are some other useful expressions for quantities:

- dizaine – about 10
- douzaine – about a dozen
- quinzaine – about 15
- vingtaine – about 20
- nombre de – a number of
- plusieurs – several
- plus de – more than
- moins de – less than
- beaucoup de – lots of
- la moitié de – half of

8B SOCIAL ISSUES (3)

READING

Read the following advert from the charity UNICEF France and answer the questions in English.

Est-ce que tu es lycéen ?

As-tu entre seize à dix-huit ans ?

Est-ce que tu veux changer des choses ?

Nous avons mille jeunes Ambassadeurs en France qui aident L'UNICEF et les enfants défavorisés autour du monde. Si tu penses que tu peux nous aider, contacte nous par le site web, www.unicef.fr.

1. What are the **three** questions asked?
2. How many young ambassadors does UNICEF France have?
3. Who does the charity help?
4. How can you apply to be an ambassador?

LISTENING

Listen to the conversation between two pupils, Jacques and Sylvie. Answer the questions in English.

1. Who do the pupils want to raise money for?
2. Why does Sylvie want to raise money for them?
3. What are they going to organise?
4. What will Jacques organise?
5. What will Jacques bring to the event?
6. What will Sylvie bring?
7. Whose permission do they need?

SPEAKING

Role play
- Say what your favourite charity is and why
- Say what you did to raise money at school last year
- Ask your friend if they give money to charity
- Describe a charity event you will go to
- Say what is the main social issue you are worried about
- Ask your friend a question about a social issue

WRITING

Dessine un dépliant pour un événement caritatif dans ton collège. Il faut inclure :
- Le nom de l'organisation caritative et les raisons du choix.
- Détails de l'événement.
- Ce que tes camarades de classe peuvent faire pour aider.

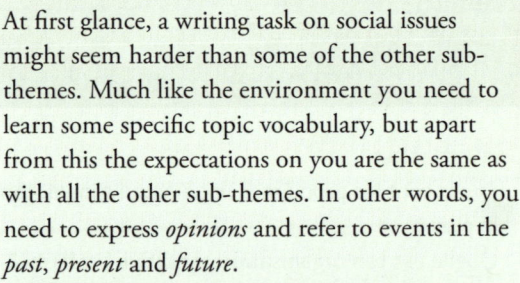

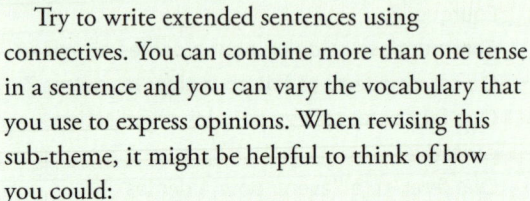

At first glance, a writing task on social issues might seem harder than some of the other sub-themes. Much like the environment you need to learn some specific topic vocabulary, but apart from this the expectations on you are the same as with all the other sub-themes. In other words, you need to express *opinions* and refer to events in the *past*, *present* and *future*.

Try to write extended sentences using connectives. You can combine more than one tense in a sentence and you can vary the vocabulary that you use to express opinions. When revising this sub-theme, it might be helpful to think of how you could:

- Express which social problems you are worried about and why.
- Be able to talk about a charity you support and what it does.
- Talk about something in the past e.g. a charity event you attended.
- Say what you do at the moment to support charities.
- Talk about a future event e.g. a cake sale you will organise, a fundraising event you will attend, your plans to volunteer.
- Say how young people can help or what people should do to help.

GLOBAL SUSTAINABILITY | 179

READING

Lis les renseignements pour une soirée caritative. Choisis la bonne réponse.

Soirée caritative pour les handicapés mentaux à Aix-en-Provence, le vingt décembre à vingt heures.

Venez acheter du matériel sportif des vedettes de sport. Venez nombreux !

Vous pouvez acheter des billets à l'avance de la soirée ou à la caisse du centre sportif.

Il y aura des jeux pour enfants et des démonstrations de danse, de gymnastique, de musculation et de natation.

L'année dernière nous avons gagné deux mille euros. La cible cette année est le double !

1. La date de la soirée est le…
   a. 12 décembre
   b. 20 décembre
   c. 21 décembre
2. La soirée commence à…
   a. 19h00
   b. 20h00
   c. 21h00
3. On peut acheter…
   a. 
   b.
   c.
4. On peut acheter les billets au…
   a. 
   b. 
   c. 
5. On peut voir une démonstration à…
   a. 
   b. 
   c. 
6. L'an dernier l'organisation a gagné…
   a. 200 €
   b. 250 €
   c. 2 000 €

8B SOCIAL ISSUES VOCABULARY GLOSSARY

affamé	hungry
l'aide humanitaire	humanitarian aid
aider	to help
annuler	to cancel
blessé	injured
bruyant	noisy, loud
une campagne	a campaign
une charité	a charity
le commerce équitable	fair trade
diminuer	to reduce
l'eau potable	drinking water
la faim	hunger
une forêt pluviale/tropicale	a rainforest/tropical forest
les gens	people
le gouvernement	government
grave	serious
la guerre	war
une inondation	a flood
une incendie	a fire
HLM	council flats
une maladie	a disease
une manifestation	a demonstration
le monde	the world
mondial	global
mourir	to die
mort	dead
un organisme de charité	a charitable organisation
un ouragan	a hurricane
la pauvreté	poverty
la planète	planet
le problème des sans-abri	homelessness
les produits du commerce équitable	fair trade products

propre	clean
protéger	to protect
les ressources	resources
les ressources naturelles	natural resources
ralentir	to slow down
renverser	to knock over
sale	dirty
sans abri	homeless
sans courant	without electricity
les SDF	the homeless
la santé	health
une sécheresse	a drought
un séisme	an earthquake
soutenir	to support
le soutien	support
subventionner	to subsidise
survivre	to survive
un témoin	a witness
le travail bénévole/caritatif	voluntary/charity work
un tremblement de terre	an earthquake
un voisin	a neighbour
vivre	to live
voler	to steal

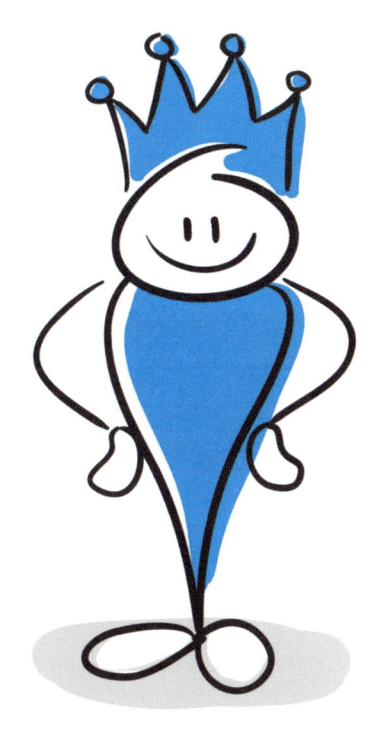

8A ENVIRONMENT
8B SOCIAL ISSUES
GRAMMAR IN CONTEXT

1. INDEFINITE PRONOUNS
Translate the following into English.

1. Quelqu'un a laissé le robinet ouvert.
2. J'ai mangé quelque chose de nouveau.
3. Quelque part dans le monde.
4. Tout le monde doit recycler.
5. Personne ne veut recycler.

> See page 217 to revise your indefinite pronouns.

2. THE PASSIVE
Translate the following into English.

1. L'eau était polluée.
2. Les oiseaux sont tués.
3. Le papier est recyclé.
4. Le dîner a été mangé.
5. Le recyclage est fait.

> The passive uses the verb **être** (to be) with the past participle of the verb. It is used to say what has been done to someone or something.

3. DEPUIS
Translate the following into French.

1. I have been learning French for five years.
2. He has been here for a week.
3. He had been living in Spain for six months.
4. They had been recycling for ten years.
5. The factory had been polluting the river for twenty years.

> **Depuis** can be used with the present tense to mean 'has/have been' and with the imperfect tense to mean 'had been'. To revise the present and imperfect tenses use the verb tables on pages 224–240.

4. USEFUL VERBS
The following are useful verbs for talking about the environment and social issues. What do they mean? Write a sentence using each one.

- subventionner
- aider
- protéger
- provoquer
- réduire
- endommager
- ralentir
- soutenir

> Try to use a different tense for each sentence and to vary your language. Use your verb tables to help you – see pages 224–240.

5. REVISING TENSES

Identify the tense used in each sentence, then translate the sentence into English.

1. Nous faisons beaucoup de choses pour améliorer l'environnement.
2. Mes copains ont donné leur argent de poche à l'organisation.
3. Alex avait acheté des produits de commerce équitable.
4. Mon père voudrait une voiture électrique.
5. Dans le passé nous étions moins responsables.
6. Je ferai plus de choses pour aider les autres.

You need to use a variety of tenses in your written and spoken French. Use your verb tables to help you when planning your work.

6. USING A VARIETY OF ADJECTIVES

Write a sentence about the environment or social issues using each of the following adjectives. Remember to make them agree with the noun they are describing. Try to use a different tense in each sentence if you can.

- mondial
- dangereux
- nocif
- grave
- sec
- inquiétant

Remember that most adjectives follow the noun they describe. Try to use a wide range of adjectives in your French to add detail. See page 210 for more information.

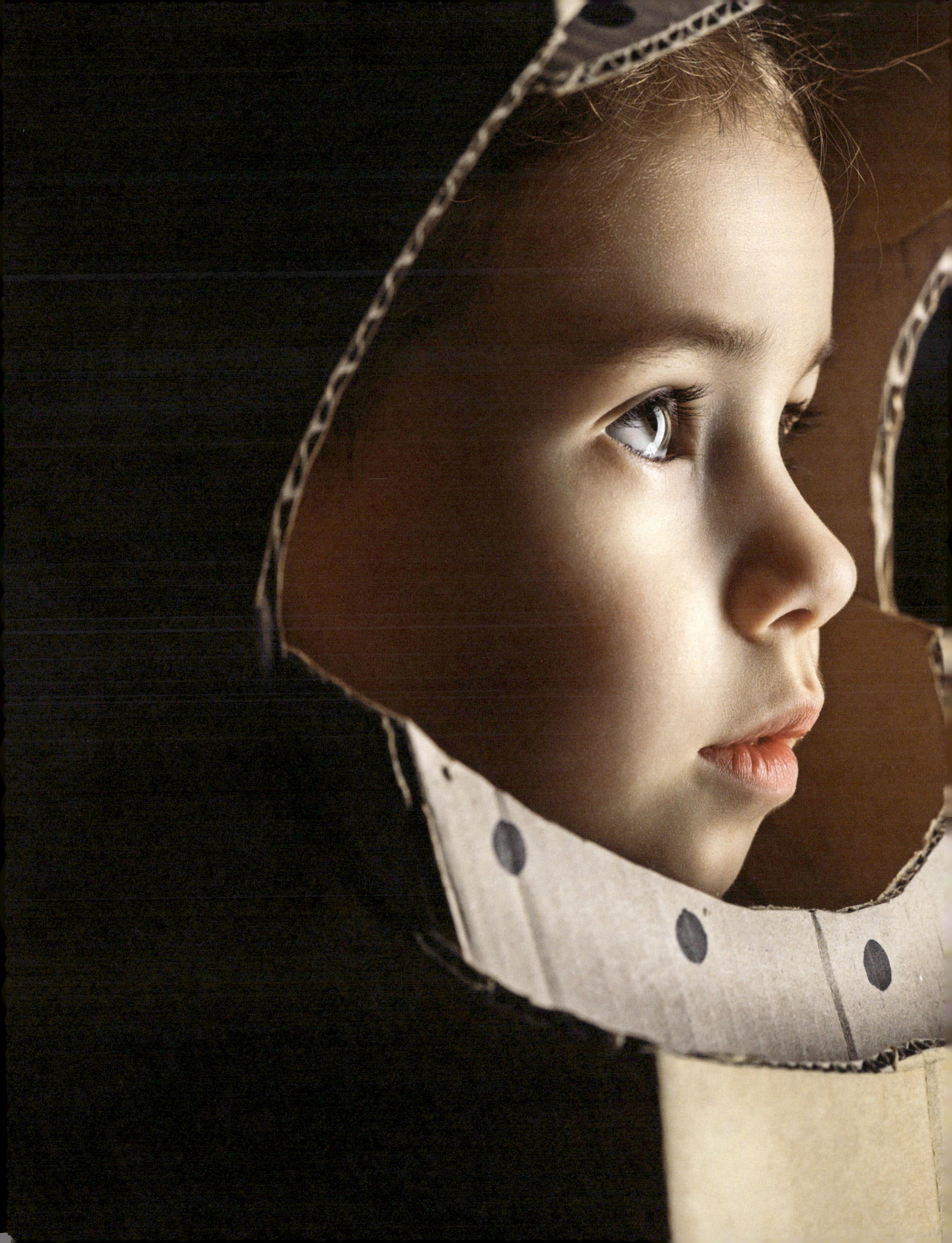

THEME: CURRENT AND FUTURE STUDY AND EMPLOYMENT

UNIT 3

ENTERPRISE, EMPLOYABILITY AND FUTURE PLANS

9A POST-16 STUDY (1)

READING

Read the advice below about creating a CV. Answer the questions.

Le CV est votre résumé et un premier pas dans la recherche d'un travail. Alors il est important de rédiger un CV sans fautes. Voici quelques conseils:

1. Le CV est factuel. Le style de votre CV doit être unique et clair.
2. Quand vous tapez votre CV à l'ordinateur, n'utilisez pas la police ennuyeuse Times parce que tout le monde l'utilise. Il vaut mieux utiliser Arial ou Verdana.
3. Beaucoup de candidats utilisent la taille de police 12. Aujourd'hui, le plus petit est le mieux ! Il est à la mode d'utiliser des tailles plus petites comme le 8.
4. Il ne doit pas y avoir de fautes d'orthographe.
5. Il ne faut pas mentir.
6. N'écrivez pas plus de deux pages !

Which number (1–6) advises that a CV …?

a. shouldn't have any mistakes
b. should be in a small font
c. should be clear
d. shouldn't be in a style like everyone else's
e. should state the facts
f. shouldn't lie
g. shouldn't be too long
h. should be original
i. should have correct spelling

SPEAKING

Photo card

- Décris cette photo/Qu'est-ce qui se passe sur cette photo ?
- Préfères-tu étudier seul ou avec un(e) camarade de classe ?
- Qu'est-ce que tu veux faire/étudier l'année prochaine ?
- Que feras-tu pour te préparer à une interview ?
- Le lycée ne te prépare pas bien pour l'avenir. Qu'en penses-tu ?

ENTERPRISE, EMPLOYABILITY AND FUTURE PLANS | **187**

READING

Read the newspaper article below. Complete the grid in English.

Un forum pour trouver un job bénévole

Mardi prochain sera la troisième édition du forum des jobs bénévoles en Bretagne.

L'an dernier le forum a eu beaucoup de succès et c'est pourquoi on l'a répété cette année.

Plus de 150 jeunes et une vingtaine d'employeurs y sont venus l'année dernière. Les jeunes et les employeurs étaient plus que satisfaits du forum. Les jeunes ont eu des entretiens directement sans le stress.

Cette année, seize employeurs seront présents au forum.

Les jeunes peuvent venir dès l'âge de 16 ans. Pour postuler aux emplois bénévoles, ils doivent apporter un CV et une lettre de motivation. Ils pourront aussi recevoir des informations sur l'orientation et l'emploi.

Le forum a lieu mardi 14 avril, de 14h30 à 17h.

Day of forum:	
Type of work available:	
Number of employers present last year	
Number of employers this year	
Documents the young people need to take to the forum	

LISTENING

Écoute les sept jeunes qui parlent de l'avenir. Choisis un emploi pour chacun – c'est à toi de décider. Donne une raison pour ton choix.

Jamie
Laure
Lily
Georges
André
Sophie
Guillaume

WRITING

Écris une lettre de motivation en français pour un petit job. Il faut inclure :

- Où tu as vu l'annonce
- Tes compétences
- Tes qualifications
- Pourquoi tu veux faire ce travail

GRAMMAR

Useful expressions

When applying for a job you will mostly use persuasive language and you will also want to ask questions. Here are a few expressions in French that will help you.

Expressing hope:
- J'espère que… – I hope that
- Je l'espère bien – I really hope so

Seeking/giving information:
- Pourriez-vous me dire… ? – Could you tell me …?
- Y a-t-il… ? – Is there …?
- À quelle heure…? – At what time …?

Expressing intention:
- Je vais + infinitive – I am going to
- J'ai l'intention de – I intend to

Expressing interest:
- Je m'intéresse beaucoup à – I am very interested in
- Je me passionne pour – I am passionate about

9A POST-16 STUDY (2)

READING

Lis l'annonce pour une école de BTS. Réponds aux questions.

> Renseignez-vous à la soirée d'orientation.
>
> Venez discuter avec nos étudiants.
>
> 261 Rue de la Tour, 75014 Paris.
>
> Tous les vendredis de mars.

a. BTS Force de Vente – spécialisation automobile
b. BTS Force de Vente – spécialisation produits bancaires et financiers
c. BTS Commerce International
d. BTS Informatique et gestion
e. BTS Secrétariat trilingue
f. BTS Tourisme, Loisirs
g. BTS Hôtellerie, restauration
h. BTS Opticien, Lunetier
i. BTS Imagerie Médicale et Radiologie Thérapeutique

Quel diplôme BTS choisiras-tu si tu...

1. veux travailler à l'hôpital
2. veux parler trois langues
3. veux travailler à l'étranger
4. veux vendre des voitures
5. veux travailler dans un centre sportif
6. veux faire les études des yeux
7. veux travailler comme chef de cuisine
8. aimes les maths
9. aimes les ordinateurs

EXTRA

Translate lines 1, 2 and 4 of the advert above into English.

READING

Read this extract from the novel *Stupeur et tremblements* by Amélie Nothomb. Answer the questions in English.

Monsieur Saito ne me demandait plus d'écrire des lettres à Adam Johnson, ni à personne d'autre. D'ailleurs, il ne me demandait rien, sauf de lui apporter des tasses de café.

Rien n'était plus normal, quand on débutait dans une compagnie... J'ai pris ce rôle très au sérieux.

Très vite, j'ai connu les habitudes de chacun: pour monsieur Saito, dès huit heures trente, un café noir. Pour monsieur Unaji, un café au lait, deux sucres, à dix heures. Pour monsieur Mizuno, un gobelet de Coca par heure. Pour monsieur Okada, à dix-sept heures, un thé anglais avec un nuage de lait. Pour Fubuki, un thé vert à neuf heures, un café noir à douze heures, un thé vert à quinze heures et un dernier café noir à dix-neuf heures – Fubuki me remerciait à chaque fois avec une politesse charmante.

1. What did Monsieur Saito first ask the writer to do?
2. What was the second task the writer was asked to do?
3. How long had the writer worked for the company?
4. What was the writer's attitude to the job?
5. At what time did Monsieur Saito like to have his coffee?
6. What did Monsieur Unaji drink?
7. What did Fubuki drink?
8. What type of person was Fubuki?

WRITING

Translate the paragraph into French:
I have worked very hard in school this year. I would like to return to Year 12 in September. I hope to study Spanish, French and English. In two years, I would like to go to university and I would also like to study abroad.

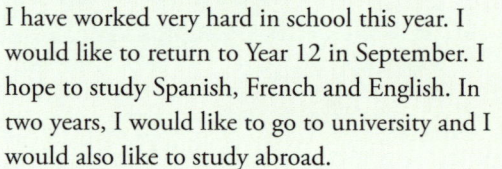

LISTENING

Listen to the information about a course. Answer the questions in English.

1. In which year of school can you study this course?
2. Name **two** places where you could work after having studied on the course.
3. In which year of school would you have specialised in your subjects?
4. Name **three** subjects that you can study alongside the course.
5. What is it essential to have if you want to work in the hotel industry?
6. What will you do for eight weeks of the course?

SPEAKING

Conversation

- Est-ce que tu veux continuer tes études l'année prochaine ? Pourquoi ?
- Que veux-tu faire plus tard dans la vie comme travail ?
- Est-ce que tu veux aller à l'université ? Pourquoi (pas) ?
- Pourquoi as-tu choisi tes sujets ?
- Les écoles préparent les jeunes pour le travail. Qu'en penses-tu ?
- Quelles sont tes compétences pour le travail ?

GRAMMAR

Expressing opinions

- Pour moi, À mon avis, Selon moi, Pour ma part – In my opinion
- Je pense que, Je crois que – I think that
- Je trouve que – I find that
- Il semble que – It seems that

READING

Translate the following sentences into English:

1. Je ne sais pas exactement ce que je vais étudier.
2. À mon avis, les sciences sont importantes.
3. La chimie et les maths sont des matières qui vont très bien ensemble.
4. Il va falloir que je travaille très dur.
5. Si j'ai de bonnes notes je continuerai mes études de commerce.

9A POST-16 STUDY (3)

Read the following questions asked at an interview. Answer the questions.

a. Voulez-vous me parler de vous ?
b. Quels sont vos points forts ?
c. Quels sont vos points faibles ?
d. Avez-vous des questions à me poser ?
e. Que savez-vous de notre organisation ?
f. Que pensez-vous de la dernière entreprise pour laquelle vous avez travaillé ?
g. Aimez-vous travailler en équipe ?
h. Que faites-vous pendant vos loisirs ?

Which question would be asked to …?

1. find out about your strengths
2. find out what you know about the company
3. find out about your hobbies
4. see if you have prepared any questions
5. find out what you think of the last company you worked for
6. find out about your weaknesses
7. find out if you are a team player
8. find out some general information about you

ENTERPRISE, EMPLOYABILITY AND FUTURE PLANS | 191

READING

Lis le texte au sujet des interviews. Remplis les blancs.

Pendant une interview vous allez (1) _____ à beaucoup de questions. Vous (2) _____ être toujours honnête et il ne (3) _____ pas absolument mentir ! Quand vous (4) _____ aux questions, il faut être clair et (5) _____.

Quand on travaille pour (6) _____ organisation, il est important d'être (7) _____ de travailler en (8) _____. Si l'on vous demande de parler d'une (9) _____ que vous avez eu en équipe, soyez (10) _____.

Si l'on vous pose la question « Quelles sont (11) _____ passions ? » restez toujours professionnel et ne (12) _____ pas des passions intimes telles que cuisiner avec (13) _____ ou votre collection de cartes de football. L'idée est que vous faites une image (14) _____.

Si l'on (15) _____ pose une question au sujet de vos points (16) _____ ou de vos points faibles, donnez six (17) _____ positifs et négatifs et ne parlez pas trop (18) _____ sur vos faiblesses.

adjectives	forts	précise
capable	longtemps	répondez
devez	mamie	répondre
équipe	partagez	une
expérience	positif	vos
faut	positive	vous

SPEAKING

Role play
- Say what you like studying at the moment
- Say what you will study next year
- Say what you did recently to contribute to school life
- Ask your friend what they like studying
- Ask your friend what they think about post-16 studies
- Give your opinion about the importance of qualifications

LISTENING

Listen to this interview for a part-time job. Answer the questions in English.
1. With whom has Magali had experience of working?
2. What was her previous job?
3. On what days did she work?
4. At what time of year did she go to Spain?
5. Why did she go to Spain?
6. What age group did she work with?
7. What did she do as part of her job?
8. What does she think is important in a job?
9. What question does Magali ask?

WRITING

Prépare des réponses pour une interview. Voici les questions :
- Pouvez-vous me parler de vous et de vos centres d'intérêt ?
- Quels sont vos points forts ?
- Que faites-vous pendant vos heures libres ?

When you have an interview you will often need to give examples and illustrate the points you are making. The following are useful expressions in French.

Illustrating points:
- par exemple – for example
- comme – like
- tel/telle que – such as
- quant à – regarding
- en ce qui concerne – as far as … is concerned
- prenons… comme exemple – let's take … as an example
- il est évident que – it is obvious that

9A POST-16 STUDY VOCABULARY GLOSSARY

l'adresse	address
l'âge	age
un curriculum vitae	curriculum vitae
la date de naissance	date of birth
la formation	training
le lieu de naissance	place of birth
le lieu de résidence	place of residence
le nom	surname
le numéro de téléphone	telephone number
le prénom	first name
la référence	reference
aider	to help
aimer	to like
une année sabbatique	a gap year
un apprentissage	an apprenticeship
arranger	to arrange
assister à	to attend
avoir l'intention de	to have the intention of
le Bac	French school leaving exam
choisir	to choose
un choix	a choice
le conseil d'orientation	careers advice
conseiller	to advise
le conseilleur d'orientation	careers advisor
continuer	to continue
un cours	a course
décider	to decide
les diplômes	qualifications
un diplôme	a degree
une entrevue	an interview
les études	studies
un étudiant(e)	a student

étudier	to study
une fiche	a form (to fill in)
une fiche d'enregistrement	a registration form
la formation	training
un formulaire de demande d'emploi	a job application form
une lettre	a letter
le lycée	sixth form
une matière de choix	an option subject
une matière obligatoire	a compulsory subject
un objectif	an aim
à plein temps	full time
poser une candidature	to apply
la première	Year 12 (sixth form)
un professeur	a teacher
les qualifications professionnelles	qualifications
quitter	to leave
la responsabilité	responsibility
s'intéresser	to be interested in
le succès	success
la terminale	Year 13 (sixth form)
à temps partiel	part time
l'université (f)	university

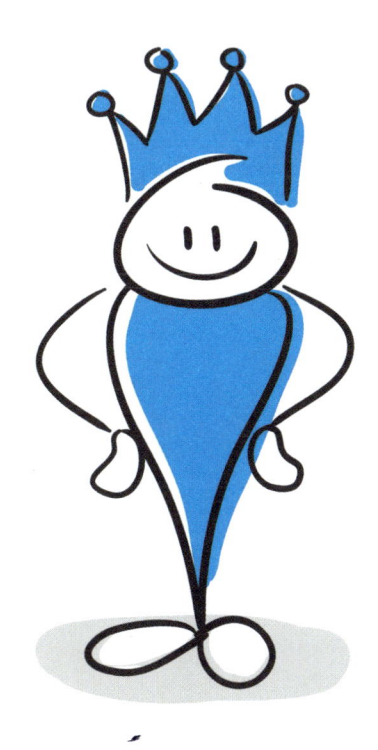

9B CAREER PLANS (1)

READING

Lis les phrases au sujet du monde de travail et de l'université. Décide si la phrase est un avantage pour l'université ou pour un emploi ou pour les deux.

1. Vous pouvez y étudier vos matières préférées au niveau supérieur.
2. Avoir un travail qui vous permet de gagner de l'argent.
3. Il vous prépare à être plus indépendant.
4. On peut entrer plus facilement dans le monde du travail au niveau le plus élevé.
5. On travaille plutôt seul.
6. On travaille plutôt en équipe.
7. On est en classe avec moins d'étudiants qu'au lycée.
8. On apprend la vie du travail professionnel.
9. On peut se faire de nouveaux amis.
10. On a beaucoup de temps pour sortir.

EXTRA

Translate sentences 2, 3, 5 and 6 into English.

WRITING

Écris une lettre pour participer à un programme d'études à l'étranger. Inclus les points suivants :
- Tes connaissances et tes plans
- Les raisons pour lesquelles tu veux le faire
- Des questions

READING

Read the article about studying abroad. Answer the questions in English.

Si on étudie l'allemand, il est possible d'étudier à l'étranger pendant qu'on est toujours au lycée. Le programme Voltaire est disponible aux élèves de troisième ou seconde. Il est permis de passer six mois de mars à août avec une famille allemande. Le principe est un échange et l'enfant allemand passe septembre à février avec une famille française. Les enfants vont à l'école avec leur partenaire d'échange.

C'est une expérience enrichissante. On peut améliorer ses compétences de langue. Il n'y a rien à payer parce que les deux familles font l'échange. En plus le transport est payé par le programme.

La seule chose négative est qu'on ne voit pas sa famille pendant six mois !

1. Which language do you study on this programme?
2. What year do you need to be in at school?
3. How long do you spend abroad?
4. Which months do French children spend abroad?
5. How does the programme work?
6. Give some advantages of the programme.
7. What is the negative side of the programme?

LISTENING

Listen to the radio announcement for a training course. Answer the questions in English.

1. What course is advertised?
2. How long is the course?
3. When does the course start?
4. What is taking place in June?
5. What is available on the website?
6. When is the open evening?
7. What time does it start?
8. Who can you meet at the open evening?

When writing a letter applying for a job or a course, you will need to use language to emphasise the point you are making. Here are some helpful expressions.

Emphasising:
- par-dessus tout – above all
- surtout – especially
- particulièrement – particularly
- en particulier – in particular
- en effet – indeed
- d'ailleurs – furthermore
- en fait – in fact

Photo card
- Décris cette photo/Qu'est-ce qui se passe sur cette photo ?
- Est-ce qu'il est important d'aller à l'université ? Pourquoi (pas) ?
- Il est difficile de trouver un bon emploi. Qu'en penses-tu ?
- Aimerais-tu travailler à l'étranger plus tard dans la vie ? Pourquoi (pas) ?
- Est-ce qu'il est important d'avoir des diplômes ou de l'expérience ?
- Pourquoi ?

Useful phrases for letters of application (lettres de motivation) include:

- Ayant lu votre annonce dans le journal au sujet du poste de… – Having seen your newspaper advert for the job of …

Look at the underlined section of the first sentence above. 'Ayant' is the present participle of the verb 'avoir' and is often a good way of opening an application letter.

- J'ai déjà eu des expériences de… – I have already had experience of …
- Je voudrais travailler parce que… – I would like to work because …
- Je m'intéresse surtout à ce poste – I am especially interested in this job
- Vous trouverez ci-joint mon CV – You will find my CV attached

These sentences show off your ability to use different tenses.

9B CAREER PLANS (2)

READING

Read the following extract from a survey of young people. Answer the questions in English.

Des jeunes de lycée ont fait un sondage sur le travail. On leur a posé la question : Qu'est-ce qu'il est important de chercher dans un emploi ? Voici les réponses :

a. Intérêt du travail – soixante-dix pourcent
b. Sécurité d'emploi – quarante-trois pourcent
c. Conditions de travail – vingt-six pourcent
d. Les vacances – dix-neuf pourcent
e. Relations personnelles – dix-sept pourcent
f. Le salaire – quinze pourcent

En conclusion la qualité de vie est plus importante pour les jeunes d'aujourd'hui que les finances.

What percentage of young people think that …

1. holidays are important
2. job security is important
3. pay is important
4. working conditions are important
5. interest in the work is important
6. personal relationships are important
7. What do young people consider to be the most important aspect when looking for a job?

READING

Lis le texte au sujet du travail en France pour les étudiants étrangers. Puis trouve les cinq phrases vraies.

Un étudiant étranger a le droit de travailler en France pendant ses études. Les emplois disponibles sont par exemple ; des assistants dans les lycées, travailler pour une entreprise, travailler comme au pair ou être moniteur de sport. Quelques étudiants qui étudient la médecine passent leur année sabbatique dans un hôpital en France.

Un étudiant étranger peut travailler neuf cent soixante-quatre heures pendant l'année. En plus, on peut profiter du salaire minimum du 9,61 € par heure.

Il est important d'avoir les documents nécessaires. Il y a un document pour entrer en France et un autre document pour résider en France.

Il est aussi possible d'étudier en même temps que de travailler, si l'on veut.

1. Il faut travailler en France si on est étudiant étranger.
2. On peut travailler en France si l'on est étudiant étranger.
3. Parmi le choix d'emplois on peut travailler dans une école.
4. Parmi le choix d'emplois on peut garder des enfants en famille.
5. Parmi le choix d'emplois on peut avoir sa propre entreprise.
6. On peut passer plus d'un an à travailler en France pendant qu'on est étudiant.
7. Si on veut être médecin il faut travailler en France.
8. Un étudiant ne peut pas travailler plus de 964 heures par an.
9. Un étudiant peut travailler 974 heures par an.
10. Il faut avoir les documents corrects.

LISTENING

Listen to the report about being an au pair in France. Answer the questions in English.

1. What are the **two** main duties of an au pair?
2. What is the main advantage of the job?
3. What do you need to be careful of?
4. What is it important to do before you start work?
5. What can't you do as an au pair in France?
6. What is the minimum duration of work for an au pair?
7. Give **three** tasks that an au pair would be expected to do.

SPEAKING

Conversation
- Que veux-tu faire plus tard dans la vie ?
- Veux-tu aller à l'université ? Pourquoi (pas) ?
- Quels sont les emplois les plus populaires à ton avis ? Pourquoi ?
- As-tu déjà travaillé ?
- Que feras-tu dans dix ans ?
- Quels sont les avantages de travailler ?

WRITING

Translate the following into French:
Would you like to work abroad? Yes, perhaps I will spend a year in France as an assistant in a school. I don't want to be a teacher but I like working with children. I really need to improve my language skills.

GRAMMAR

Pendant – for/during
In French, 'pendant' is used when talking about an activity that has taken place (past).

Here the perfect tense is used e.g. J'ai travaillé comme au pair pendant un an (I worked as an au pair for one year).

9B CAREER PLANS (3)

Read what these young people are planning to do in the future. Answer the questions.

Annie : L'année prochaine, j'étudierai quatre matières. Je sais que je vais poursuivre mes études en biologie et en chimie mais pour les autres je n'ai pas encore décidé.

Germaine : Si j'obtiens de bonnes notes, j'irai à l'université. Après avoir fait une année sabbatique.

Hervé : Les voyages me passionnent et j'ai de la chance parce que l'année prochaine j'irai rendre visite à ma famille en Thaïlande avant de travailler comme cuisinier.

Régis : À l'avenir je vais continuer d'étudier les langues à l'université. Je voudrais étudier l'espagnol et l'italien.

Thierry : Je voudrais aller à l'université de Lyon, mais cela dépendra de mes résultats.

Paul : Je chercherai un travail bien payé car à mon avis le salaire est très important.

Who … (there may be more than one answer)?

1. will take a gap year?
2. will work as a cook?
3. wants to go on to higher education?
4. wants to study languages?
5. will be studying more than three subjects?
6. thinks money is important?
7. plans to go to work?
8. plans to travel?

Read the adapted extract from the novel *Désolée, je suis attendue* by Agnès Martin-Lugand. Answer the questions in English.

Enfin… plus que quelques minutes et c'étaient les vacances. Et surtout je pourrais enfin me lancer dans la préparation de mon grand projet, dont je n'avais encore parlé à personne. Je voulais prendre une année sabbatique et voyager aux quatre coins du monde, sac au dos, avant de me trouver dans la vie professionnelle. J'avais envie de voir des pays, de rencontrer des gens, de profiter de la vie et surtout de m'amuser. À dix-huit heures, après avoir récupéré la lettre d'attestation du stage signée auprès de la secrétaire frustrée du patron, j'étais prête à partir. Je faisais un dernier tour de mon placard, et j'ai pris quelques stylos et un bloc-notes.

1. What would be starting in a few minutes?
2. What is the writer's big plan?
3. Where does she want to go?
4. What will she be carrying?
5. What is the main reason for her plan?
6. At what time did she get her letter?
7. What did she do just before leaving?

Translate the following into English:

Plus tard dans la vie je voudrais être pilote parce que je m'intéresse aux avions. Avant cela j'aimerais voyager en Australie car j'ai de la famille là-bas. Il faut que je gagne un peu d'argent avant de partir. J'ai l'intention de trouver un petit job d'été.

Role play

- Say what sort of work you are interested in
- Say why you chose your subjects
- Say if you think university is important and why
- Ask your friend about their future plans
- Say where you would like to work in the future
- Ask your friend a question about university

Écris un paragraphe au sujet de tes projets d'avenir. Inclus les points suivants, en donnant des raisons :

- Où tu voudrais habiter
- Ce que tu veux faire comme travail
- Tes projets personnels

ENTERPRISE, EMPLOYABILITY AND FUTURE PLANS | 199

LISTENING

Écoute ses jeunes qui parlent de leurs projets d'avenir. Réponds aux questions. Qui... (il y aura plusieurs possibilités) – Yvette, Marcel, Tatiana, Nina ou Gaston ?

1. Veut aller à l'université
2. Veut parler des langues étrangères
3. Veut voyager
4. Veut travailler pour une organisation caritative
5. Veut vivre en France
6. Fait son bac

GRAMMAR

Future plan phrases

As well as using the future tense, here are some useful phrases for discussing your future.

- Après avoir/être + past participle – after having done something
- Avant de + infinitive – before doing something
- Tout d'abord – first of all
- Premièrement, deuxièmement – firstly, secondly
- Plus tard – later
- Pendant que – while

9B CAREER PLANS VOCABULARY GLOSSARY

un agent de police	a policeman
un atelier	a workshop
au chômage	unemployed
l'avenir	future
le babysitting	babysitting
un boucher	a butcher
un boulanger	a baker
un bureau	an office
le but	aim
un charpentier	a carpenter
cherchant du travail	looking for work
le client	customer
un coiffeur/une coiffeuse	a hairdresser
le commerce	business
une compagnie	a firm
un conducteur de poids lourds	a long distance driver
un dentiste	a dentist
un dessinateur graphique	a graphic designer
devenir	to become
le dirigeant	the manager
un électricien/une électricienne	an electrician
un emploi	a job
un emploi à temps partiel	part-time job
employé	employed
un employé/une employée	an employee
un employeur	an employer
une entreprise	a firm
un enseignant/une enseignante	a teacher
espérer	to hope
un facteur	a postman
une femme de foyer	a housewife
une femme de ménage	a cleaner
un fermier	a farmer

un fonctionnaire	a civil servant
gagner	to earn
un gendarme	a policeman
une hôtesse de l'air	an air steward
un infirmier/une infirmière	a nurse
un ingénieur/une ingénieure	an engineer
un instituteur/une institutrice	a primary school teacher
un journaliste	a journalist
un lieu de travail/métier	a workplace
livrer	deliver
un maçon	building worker
un magasin	a shop
un marchand/une marchande	a trader
un mécanicien/une mécanicienne	a mechanic
un médecin	a doctor
un menuisier	a carpenter
un métier	a job
payer	to pay
un plombier	a plumber
un pompier	a fireman
poser sa candidature	to apply for
un professeur	a teacher
le programmeur	programmer
recevoir	to receive
répondre	to answer
une rêve	a dream
le salaire	salary
une secrétaire	a secretary
un serveur/une serveuse	a waiter/a waitress
un soldat	a soldier
taper	to type
téléphoner	to phone
le travail	work
travailler	to work
les travaux	works
une usine	a factory
le vendeur/la vendeuse	salesperson
vendre	to sell
vouloir	to want to
voyager	to travel

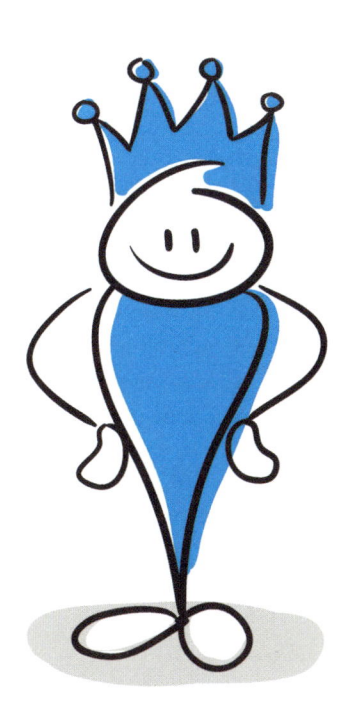

9A POST-16 STUDY

9B CAREER PLANS

GRAMMAR IN CONTEXT

1. TALKING ABOUT THE FUTURE IN DIFFERENT WAYS

Write a paragraph about your future plans. Use all of the time phrases on the left to sequence your paragraph and use all of the structures on the right at least once each. You can use them in any order.

dans l'avenir …	vouloir + infinitive
après mes examens …	espérer + infinitive
dans dix ans …	avoir l'intention de + infinitive
premièrement …	aller + infinitive
plus tard …	future tense

Remember to check your French for accuracy. Use your verb tables to help you. See pages 224–40.

2. BASIC ACCURACY

Correct the following sentences.

1. J'aimerait continue avec mon etude.
2. Ma frere voudrais travail a l'etranger.
3. Apres ma examen j'allerai en vacance.
4. Mon parents dit que la universite es important.
5. L'anné prochain je chercher une travaille.

Remember that you will be marked for linguistic knowledge and accuracy in your exams. It is important to spend time checking basic things like the gender of nouns and adjective agreement.

3. ILLUSTRATING POINTS AND EXPRESSING OPINIONS

Complete the following sentences with suitable opinions on this module.

1. Quant à l'université, …
2. En ce que concerne le salaire, …
3. Il est évident que le chômage …
4. À mon avis, il semble que les jeunes …

Remember to vary the language that you use and to include some complex structures in your spoken and written French. You will need to express your opinion on all the topics you have studied.

4. WRITING A LETTER OF APPLICATION

Complete the following sentences with suitable information for a college/job application.

1. Ayant lu…
2. J'ai déjà eu des expériences de…
3. Je voudrais étudier/travailler ici parce que…
4. Je m'intéresse surtout à ce poste parce que…

These sentences show off your ability to use different tenses – it's important to revise useful phrases that will help you use past, present and future tenses in your French.

ENTERPRISE, EMPLOYABILITY AND FUTURE PLANS | 203

5. *PENDANT* – FOR/DURING

Translate the following into French.

1. I have worked in an office for a week.
2. He has played in the team for two years.
3. I worked as an au pair for one year.
4. We studied French for six years.

> In French, **pendant** is used when talking about an activity that has taken place (past).

6. REVISING YOUR TENSES

Answer the following questions using the same tense as the question.

1. Qu'est-ce que tu étudies en ce moment ?
2. Qu'est-ce que tu vas faire l'année prochaine ?
3. Que feras-tu après tes examens ?
4. Quel travail voudrais-tu faire dans l'avenir ?
5. Quel travail scolaire as-tu fait la semaine dernière ?
6. Quel type de travail voulais-tu faire quand tu étais plus jeune ?

> You need to be able to refer to events in the past, present and future with confidence – even on topics involving future plans! Make sure that you spend time revising your tenses.

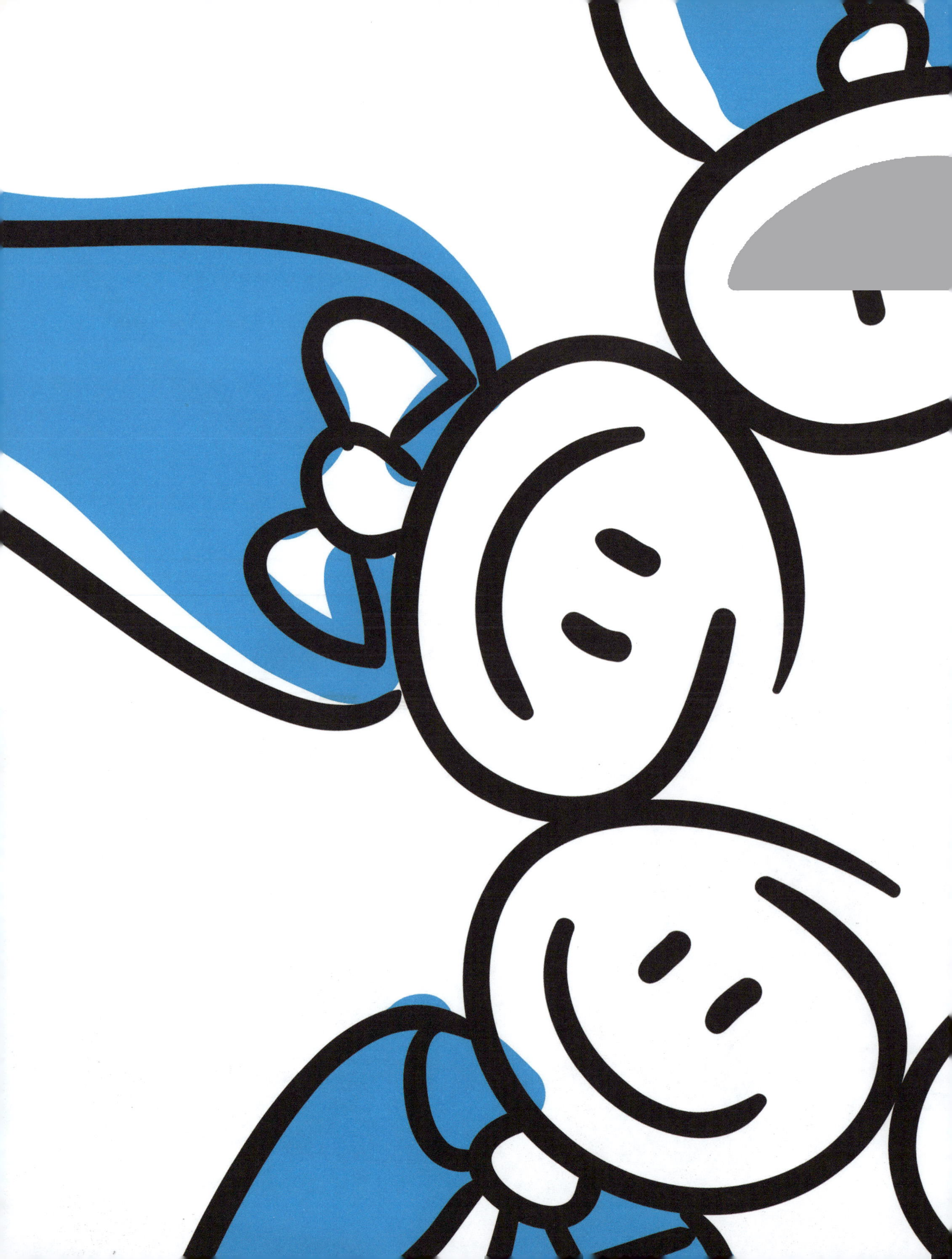

GRAMMAR

GRAMMAR TERMS

It's important to understand what these terms mean as they will be used regularly throughout your GCSE course.

Adjectives: Adjectives describe nouns. They answer the questions: *which? what kind of? how many?* e.g. *big – grand, little – petit, interesting – intéressant.*

Adverbs: Adverbs describe verbs (and sometimes adjectives and other adverbs). They answer the questions: *how? when? where?* e.g. *regularly – régulièrement.*

Articles: These are the words **the** (definite article) and **a/an** (indefinite articles) e.g. *the – le, a – un.*

Comparative: This is a form of adjective. It's used when adjectives are being used to compare two things e.g. *better – meilleur.*

Connective/Conjunction: This is a word or phrase that connects two other words or phrases e.g. *because – parce que.*

Demonstrative: These are words which demonstrate (point out) e.g. *this, that, these, those – ce, cette.*

Gender: Used for nouns to say if they're masculine or feminine.

Imperative: A form of a verb used when giving instructions or commands e.g. *donnez !*

Infinitive: This is the form of verb you find in the dictionary. In English it always has the word **to** in front of it e.g. *to study* and in French it ends in **er**, **ir** or **re**.

Irregular verb: A verb that does not follow regular patterns and has a different form. These usually need to be learned by heart e.g. *to go – aller.*

Noun: A person, place, thing or idea.

Object: The object is the word/phrase in a sentence which has the action happen to it.

Plural: More than one of an item.

Possessive: These are words that imply ownership e.g. *my house – ma maison.*

Pronouns: These are words which take the place of nouns.

Prepositions: These are words which help describe something's location or give other information e.g. *in – dans, on – sur.*

Reflexive verbs: Reflexive verbs have their action done to the subject of the sentence (the person who is doing the action) e.g. *to go to sleep – se coucher.*

Singular: Refers to only one of an item (as opposed to plural for more than one).

Subject: The person or thing in the sentence that is doing the action.

Superlative: The superlative is *the most* of something e.g. *best – le mieux, worst – le pire, biggest – le plus grand.*

Synonym: A word which has the same meaning as another word.

Tense: This is a change in the verb to reflect a change in time e.g. *past, present, future.*

Verb: These are the action words which are doing something in a sentence.

GRAMMAR GLOSSARY

This is the grammar that needs to be learned and used by all students at GCSE. Some of the grammar points will only be covered in the Higher exam and a few grammar points only need to be recognised – they don't actually have to be used (but if you are looking to get high marks for using complex language in your written and spoken French, then it's worth trying to use some of them).

Grammar points highlighted in this colour need to be learned and used by Higher tier students, and recognised (but not necessarily used) by Foundation students.

Any grammar points highlighted in this colour are to be learned for Higher tier.

Grammar points highlighted in this colour only need to be recognised (but not necessarily used) for Higher tier.

1. NOUNS *p. 209*
- Masculine and feminine
- Singular and plural

2. ARTICLES *p. 209*
- Definite articles (*le/la/l'/les*)
- Indefinite articles (*un/une/des*)

3. ADJECTIVES *p. 210*
- Making adjectives agree with the noun
- Position of adjectives
- Comparatives and superlatives
- Demonstrative adjectives (this, that, these, those)
- Indefinite adjectives
- Possessive adjectives

4. ADVERBS *p. 213*
- Forming adverbs
- Comparative and superlative adverbs
- Adverbs of time and place
- Quantifiers and intensifiers

5. PRONOUNS *p. 214*
- Personal pronouns
- Object pronouns – direct and indirect
- Relative pronouns (*qui, que, qu', dont*)
- Possessive pronouns
- Demonstrative pronouns
- Indefinite pronouns
- Emphatic pronouns

6. PREPOSITIONS *p. 218*
- Common prepositions
- Verbs followed by prepositions
- Common conjunctions

7. NUMBER, DATES AND TIMES   *p. 219*
- Cardinal numbers
- Ordinal numbers (first, second, third etc.)
- Days, months, seasons
- Dates
- Time

8. TIME EXPRESSIONS   *p. 222*
- Depuis que – since

9. NEGATIVES   *p. 223*

10. ASKING QUESTIONS (INTERROGATIVE FORMS)   *p. 223*

VERBS
11. PRESENT TENSE   *p. 224*
- Regular verbs
- Irregular verbs
- Reflexive verbs
- Present participle

12. FUTURE TENSE   *p. 227*

13. CONDITIONAL TENSE   *p. 227*

14. PERFECT TENSE   *p. 228*

15. IMPERFECT TENSE   *p. 229*

16. PLUPERFECT TENSE   *p. 230*

17. TENSES WITH *SI*   *p. 230*

18. IMPERATIVES (COMMANDS)   *p. 230*

19. PASSIVE VOICE   *p. 230*

20. SUBJUNCTIVE   *p. 231*
- Present subjunctive

21. VENIR DE   *p. 231*

22. PERFECT INFINITIVE   *p. 231*

23. VERB TABLES   *p. 232*
- Regular verbs   *p. 232*
- Common irregular verbs   *p. 232*
- Irregular verbs   *p. 240*

1. NOUNS

MASCULINE AND FEMININE

Nouns are words that name things, people and ideas. In French, all nouns are either masculine or feminine e.g. *le livre, la table*.

SINGULAR AND PLURAL

To make nouns plural you usually:

- Add **s** to nouns ending in a vowel e.g. *livre → livres*
- Change the ending **-al** to **-aux** e.g. *animal → animaux*
- Change the ending **-ou** to **-oux** e.g. *bijou → bijoux*
- Change the ending **-eau** to **-eaux** e.g. *chapeau → chapeaux*
- Change the ending **-eu** to **-eux** e.g. *feu → feux*

There are some plurals which don't follow the rule e.g.

- *l'œil → les yeux*
- *le nez → les nez*
- *l'os → les os*
- *le prix → les prix*
- *le temps → les temps*

2. ARTICLES

DEFINITE ARTICLES (LE/LA/L'/LES)

In French, the word for **the** changes depending on whether the noun it goes with is masculine, feminine or plural e.g. *le garçon → les garçons, la maison → les maisons*.

- The definite articles (**le, la, l', les** = the) are used more frequently in French than in English.

    e.g. ***Le*** *train arrive à quelle heure ?*

- When preceded by the preposition à, the definite article can change to **au/à la/ à l'/aux** depending on the gender of the noun.

    e.g. ***à** la gare.*

- When preceded by the preposition **de** the forms are: **du/de la/de l'/des**

    e.g. *des baguettes.*

INDEFINITE ARTICLES (UN/UNE/DES)

- **Un/une/des** (a/some) can be left out when stating people's jobs e.g. *mon père est technicien*.

3. ADJECTIVES

MAKING ADJECTIVES AGREE WITH THE NOUN

- In French, all adjectives (words that describe nouns, people and things) have different endings depending on whether the word they are describing is masculine, feminine or plural. In other words, adjectives always have to *agree* with the noun. e.g. *joli/jolie/jolis/jolies*.
- Normally an adjective is made feminine by adding an 'e'. If the word already ends in an 'e' it does not change e.g. *jeune*.
- There are many adjectives which have irregular feminine forms. Here are some that you may come across (these are singular forms):

Masculine	Feminine	English
ancien	ancienne	old
bas	basse	low
beau	belle	beautiful
blanc	blanche	white
bon	bonne	good
cher	chère	dear
doux	douce	sweet
faux	fausse	false
favori	favorite	favorite
fou	folle	mad
frais	fraîche	fresh
gentil	gentille	kind
gras	grasse	fat
gros	grosse	big
jaloux	jalouse	jealous
long	longue	long
nouveau	nouvelle	new
premier	première	first
public	publique	public
sec	sèche	dry
vieux	vieille	old

- Some adjectives that are used before a masculine singular noun which begins with an 'h' also change. The most common are *un bel homme* and *un nouvel hôtel*.
- To make an adjective plural add an 's' on to the end of the masculine or feminine adjective e.g. *mes propres vêtements*.

POSITION OF ADJECTIVES

- Most adjectives in French go after the noun they are describing e.g. *la voiture blanche, le garcon intelligent*.
- The following adjectives go before the noun: *beau, bon, excellent, gentil, grand, gros, jeune, joli, long, mauvais, même, meilleur, nouveau, petit, vieux, vilain*.
- Some adjectives change their meaning depending on whether they occur before or after the noun. These are the most common:

un cher ami	a dear friend
un portable cher	an expensive phone
un ancien ami	a former friend
un bâtiment ancien	an old building
ma propre chambre	my own bedroom
ma chambre propre	my clean bedroom

COMPARATIVES AND SUPERLATIVES

- You use comparative adjectives to compare two things and say one is bigger, smaller, better etc. than the other. Superlative adjectives are used to compare two things and say which one is the best, worst, biggest etc.
- To form the comparative and superlative of adjectives which go before the noun the following pattern is used:

more (plus)	less (moins)	as (aussi)
the most (le/la/les plus)	the least (le/la/les moins)	
stronger* (plus fort)	less strong* (moins fort)	as strong* (aussi fort)
the strongest: **le plus fort** **la plus forte** **les plus fort(e)s**	the least strong: **le moins fort** **la moins forte** **les moins fort(e)s**	

* In these three cases **que** is used to make a comparison e.g. *Arnaud est plus fort que Philippe* (Arnaud is stronger than Philippe), *Les lions sont aussi forts que les tigres* (Lions are as strong as tigers).

- Adjectives which go after a noun take the following pattern e.g.

Une émission plus amusante (comparative)	A more interesting programme
L'émission la plus amusante (superlative)	The most interesting programme

Note the repetition of **l'** and **la** in the superlative form.

DEMONSTRATIVE ADJECTIVES (THIS, THAT, THESE, THOSE)

Masculine	Feminine	Plural
ce/(cet before 'h' or vowel)	cette	ces

Ce/cet/cette/ces are translated into English as 'this/that/these/those' e.g.

ce livre	this/that book
cet hôtel	this/that hotel
cette chambre	this/that room
ces élèves	these/those pupils

INDEFINITE ADJECTIVES

autre	other e.g. *Les autres élèves étudient l'anglais, J'ai une autre copine !*
chaque	each e.g. *Chaque élève a un portable, chaque voiture*
même	same e.g. *Il a vu le même match, Elle a la même jupe*
plusieurs	several e.g. *J'ai plusieurs jeux vidéo*
quelque(s)	some e.g. *Pendant quelque temps, Quelques élèves ont oublié les devoirs*
tel, telle, tells, telles	such e.g. *un tel garçon, de telles voitures*
tout, toute, tous, toutes	all e.g. *tous les garçons, toutes les matières*

POSSESSIVE ADJECTIVES

We use possessive adjectives to express ownership e.g. my, your, his. Possessive adjectives must agree with the noun that follows them – *not* the person who 'owns' the noun.

	Masculine	Feminine	Plural
my	mon	ma	mes
your	ton	ta	tes
his/her	son	sa	ses
our	notre	notre	nos
your	votre	votre	vos
their	leur	leur	leurs

e.g. *mes parents* (my parents), *tes amis* (your friends), *notre professeur* (our teacher).

4. ADVERBS

FORMING ADVERBS
- Adverbs are usually used to describe a verb to express how, when, where or to what extent something is happening. In other words they describe how an action is done (quickly, regularly, badly etc.) e.g. *Je joue au tennis rarement* (I rarely play tennis).

- Many French adverbs are formed by adding **-ment** to the feminine form of the adjective e.g. *heureuse* → *heurese**ment**.*

- In French, the position of adverbs in a sentence is normally after the verb (unlike English) e.g. *Je vais **souvent** en ville* (I often go to town).

COMPARATIVE AND SUPERLATIVE ADVERBS
- The same as with adjectives, you can also make comparisons with adverbs using *plus que* and *moins que* e.g. *J'arrive **moins rapidement** en train **qu'**en bus* (I arrive less quickly by train than by bus). There is no feminine or masculine version.

- Similarly, you can also use superlative adverbs e.g. *aller au cinéma est l'activité que je fais le **plus régulèrement*** (going to the cinema is the activity I do most often).

ADVERBS OF TIME AND PLACE
Some useful adverbs include:

Place:		**Time:**	
dedans	inside	*après-demain*	the day after tomorrow
dehors	outside	*avant-hier*	the day before yesterday
ici	here	*aujourd'hui*	today
là-bas	over there	*déjà*	already
loin	far	*demain*	tomorrow
partout	everywhere	*hier*	yesterday
		le lendemain	the following day

QUANTIFIERS AND INTENSIFIERS
Try to add detail to your French speaking and writing by including **quantifiers** and **intensifiers** e.g.

assez	enough
beaucoup	a lot
un peu	a little
très	very
trop	too much

5. PRONOUNS

PERSONAL PRONOUNS

The words *I, you, she, we, you, they* are called subject pronouns. They are the subject of verbs.

	Singular	Plural
1	je	nous
2	tu	vous
3	il/elle/**on**	ils/elles

- **On** is a singular pronoun and can be translated as 'They/we' e.g. *On va au concert* (They/we are going to the concert).

- Remember that there are different ways of saying *you* in French. Use *tu* when you are talking to one person (e.g. of your own age when young or within family structures) and *vous* when you are talking to more than one person. You also use *vous* (you) in formal situations (e.g. a job interview, talking to your head teacher, talking to someone you don't know).

OBJECT PRONOUNS

There are two types of object pronoun: direct and indirect.

- **Direct object pronouns**
  These are used to replace a noun that is not the subject of the verb – using *it* instead of the noun itself e.g.

  Je te le donne.   I give it to you.
  Il m'en a parlé.   He talked to me about it.

- **Indirect object pronouns**
  In French, sometimes we want to say 'to him/her/them'. In English, the word 'to' is often missed out:

  to him   *lui*
  to her   *lui*
  to them   *leur*

  e.g.

  I gave it to him.   *Je lui ai donné.*
  She gives them money.   *Elle leur donne de l'argent.*

The table below shows the normal order of pronouns. (1) and (2) are direct pronouns, (3), (4) and (5) are indirect pronouns.

1	2	3	4	5
me te se nous vous se	le la les	lui leur	y	en

RELATIVE PRONOUNS

- You use relative pronouns to link phrases together.

  qui   who, which (subject)
  que   whom, that (object)
  dont   of which, of whom

  e.g.

  Voici les enfants qui sont sages.   Here are the children who are good.
  Voici les produits bios que vous cherchez. Here are the organic foods that you are looking for.

  ce qui   that which (subject)/what
  ce que   that which (object)/what
  ce dont that of which, of whom

  e.g.

  Dis-moi ce qui est arrivé.   Tell me what has happened.
  Dis-moi ce que le médecin a dit.   Tell me what the doctor said.
  Dis-moi ce dont tu as besoin.   Tell me what (that of which) you need.

- The following relative pronouns are used with prepositions:

  lequel (m.)   (the) … which
  laquelle (f.)   (the) … which
  lesquels (m.pl.)   (the) … which
  lesquelles (f.pl.) (the) … which

  e.g.

  Voici la table sur laquelle est ton portable.   There is the table on which your mobile phone is.

- The above pronouns can also combine with **à** and **de** to become:

    auquel (m.)
    à laquelle (f.)
    auxquels (m.pl.)
    auxquelles (f.pl.)
    duquel (m.)
    de laquelle (f.)
    desquels (m.pl.)
    desquelles (f.pl)

    e.g.

    Ce sont des choses auxquelles je ne pense pas.   These are things that I don't think about.

    Note: **penser** is followed by **à** so it becomes **auxquelles**.

POSSESSIVE PRONOUNS

Possessive pronouns are used when you wish to say 'mine, yours, his, hers,' etc.

English	Masculine	Feminine	Masculine plural	Feminine plural
mine	le mien	la mienne	les miens	les miennes
yours	le tien	la tienne	les tiens	les tiennes
his/hers	le sien	la sienne	les siens	les siennes
ours	le nôtre	la nôtre	les nôtres	les nôtres
yours	le vôtre	la vôtre	les vôtres	les vôtres
theirs	le leur	la leur	les leurs	les leurs

e.g.

Est-ce que c'est mon portable ?   Is this my phone?
Non, le tien est à la maison.   No, yours is at home.

DEMONSTRATIVE PRONOUNS

- Demonstrative pronouns are used instead of a noun to avoid repeating the noun.
- They are used in French to mean 'this one/that one/these/those'.

Masculine	Feminine	Singular/Plural	English
celui	celle	singular	this/that
ceux	celles	plural	these/those
celui-ci	celle-ci	singular	this one
celui-là	celle-là	plural	that one
ceux-ci	celles-ci	singular	these (here)
ceux-là	celles-là	plural	those (there)

e.g. *il prendra celui-là* (he will have that one).

INDEFINITE PRONOUNS

In French at GCSE level, you will find that the following indefinite pronouns will often occur and you may want to use them when writing or speaking:

quelqu'un	someone e.g. *Quelqu'un a laissé le robinet ouvert.*
quelque chose	something e.g. *J'ai mangé quelque chose de nouveau.*
quelque part	somewhere e.g. *Quelque part dans le monde.*
tout le monde	everyone e.g. *Tout le monde doit recycler.*
personne ne …	no one e.g. *Personne ne veut recycler.*

EMPHATIC PRONOUNS

In French when you want to say, for example, 'at my house' or 'with her', and you want to use *chez* or *avec*, you need to use the emphatic pronoun e.g. *chez moi* (at my house), *avec elle* (with her). See the table below for a list of emphatic pronouns.

moi	me
toi	you (singular)
lui	him
elle	her
nous	us
vous	you (plural/polite)
eux	them (masculine)
elles	them (feminine)

6. PREPOSITIONS

Prepositions are linking words which usually indicate direction, location or time. Unlike English, in French there is often more than one way of translating a preposition. For example **in** could be translated into French as **en** or **à**.

COMMON PREPOSITIONS

Before:

avant	(before + time) e.g. *avant le dîner* (before dinner)
déjà	(already) e.g. *Je l'ai déjà vu* (I have already seen him/it)
devant	(in front of) e.g. *devant l'ordinateur* (in front of the computer)

In:

à	e.g. *à Lyon* (in Lyon), *à la mode* (in fashion)
dans	e.g. *dans un magasin* (in a shop)
en	e.g. *en France* (in France)

On:

à	e.g. *à gauche* (on the left)
en	e.g. *en vacances* (on holiday)
sur	e.g. *sur les réseaux sociaux* (on social network sites)

VERBS FOLLOWED BY PREPOSITIONS

- Verbs in French can often be followed by an infinitive e.g. *Je sais nager* (I can swim), *Tu veux venir ?* (Do you want to come?)

- Many need a preposition before the following infinitive. Here are some of the common ones:

aider à	to help to
apprendre à	to learn to
commencer à	to begin to
continuer à	to continue
décider à	to decide to do something
inviter à	to invite to
ressembler à	to resemble
réussir à	to succeed in
s'arrêter de	to stop (doing)
avoir l'intention de	to intend to
avoir peur de	to be afraid of (doing)
avoir besoin de	to need to

COMMON CONJUNCTIONS

Conjunctions or connectives are used to make extended sentences and to include more detail in written and spoken French. The most common are:

car	for (because)
comme	as

depuis (que)	since (time)
donc	so
lorsque, quand	when
parce que	because
puisque	since (reason)
pendant que	during, while
tandis que	while, whilst

e.g.

- *Fais comme tu veux !* – Do as you like!
- *Il a beaucoup joué au football puisqu'il a voulu être footballeur professionnel.* – He played a lot of football since he wanted to be a professional footballer.

7. NUMBERS, DATES AND TIMES

CARDINAL NUMBERS

Start by learning numbers 0–30:

0	*zéro*	8	*huit*	16	*seize*	24	*vingt-quatre*
1	*un*	9	*neuf*	17	*dix-sept*	25	*vingt-cinq*
2	*deux*	10	*dix*	18	*dix-huit*	26	*vingt-six*
3	*trois*	11	*onze*	19	*dix-neuf*	27	*vingt-sept*
4	*quatre*	12	*douze*	20	*vingt*	28	*vingt-huit*
5	*cinq*	13	*treize*	21	*vingt et un*	29	*vingt-neuf*
6	*six*	14	*quarorze*	22	*vingt-deux*	30	*trente*
7	*sept*	15	*quinze*	23	*vingt-trois*		

Next, make sure that you can count in tens up to 100:

10	*dix*
20	*vingt*
30	*trente*
40	*quarante*
50	*cinquante*
60	*soixante*
70	*soixante-dix*
80	*quatre-vingts*
90	*quatre-vingt-dix*
100	*cent*

Make sure that you can fill in the gaps between 31–100. The same pattern continues all the way to 69:

31	*trente et un*	35	*trente-cinq*	39	*trente-neuf*
32	*trente-deux*	36	*trente-six*	40	*quarante*
33	*trente-trois*	37	*trente-sept*		
34	*trente-quatre*	38	*trente-huit*		

Then the pattern is as follows:

70 *soixante-dix*
71 *soixante et onze*

This pattern continues to 79. Then it continues as follows:

80 *quatre-vingts*
81 *quatre-vingt et un*
82 *quatre-vingt-deux*

This pattern continues to 89. Then it is:

90 *quatre-vingt-dix*
91 *quatre-vingt-onze*

This pattern continues to 99. From 100 and above it is:

100 *cent*
101 *cent un*
200 *deux cents*
211 *deux cent onze*
1000 *mille*
2000 *deux mille*
1,000,000 *un million*

Other useful numbers and quantities are:

une dizaine about ten
une douzaine about twelve

ORDINAL NUMBERS (FIRST, SECOND, THIRD ETC.)

premier first
deuxième second
troisième third
quatrième fourth
cinquième fifth
sixième sixth
septième seventh
huitième eighth
neuvième ninth
dixième tenth

Ordinal numbers usually go before the noun and work like adjectives. In other words, they need to agree with the nouns they are describing e.g. *mes **premiers** jours* (my **first** days).

DAYS OF THE WEEK

Days of the week don't need a capital letter in French.

lundi	Monday
mardi	Tuesday
mercredi	Wednesday
jeudi	Thursday
vendredi	Friday
samedi	Saturday
dimanche	Sunday

MONTHS

Like the days of the week, the months don't need to start with a capital letter.

janvier	January
février	February
mars	March
avril	April
mai	May
juin	June
juillet	July
août	August
septembre	September
octobre	October
novembre	November
décembre	December

To express 'in a certain month' use the preposition **en** e.g. *Je vais en Italie* **en** *mars* (I'm going to Italy **in** March).

SEASONS

le printemps	spring
l'été	summer
l'automne	autumn
l'hiver	winter

au printemps	in spring
en été	in summer
en automne	in autumn
en hiver	in winter

DATES

- Use normal numbers for dates e.g. *le six juin* (the sixth of June), *le trente août* (the thirtieth of August).

- Use *le premier* for the first of the month e.g. *le premier janvier* (the first of January).

TIME

- The verb **être** is used to express the time of day:

Il est une heure	It's one o'clock
*Il est deux heure**s***	It's two o'clock
Il est une heure cinq	It's five minutes past one
Il est trois heures douze	It's twelve minutes past three
Il est onze heures vingt	It's twenty past eleven

- Minutes can be taken away from the hour (e.g. *ten to, five to*) using the word **moins** (less):

Il est une heure moins dix	It's ten minutes to one
Il est trois heures moins vingt-cinq	It's twenty-five minutes to three

- You use **et demi(e)** (half past) **et quart** (quarter past) and **moins le quart** (quarter to):

Il est une heure et demie	It's half past one
Il est dix heures et quart	It's quarter past ten
Il est trois heures moins le quart	It's quarter to three

- Note:

12.00	*Il est midi*
12.30	*Il est midi et **demi***
00.00	*Il est minuit*
00.30	*Il est minuit et **demi***
14.00	*Il est quatorze heures*

8. TIME EXPRESSIONS

DEPUIS QUE – SINCE

Depuis is used with the present tense when you want to say 'has/have been' in a time clause.

e.g. *Il a commencé à pleuvoir depuis que je suis sorti*. It has begun to rain since I came out.

9. NEGATIVES

Remember the position of the negative in a French sentence! e.g. *Je **ne** joue **pas** à la tablette*. Here are some of the common negatives you will use.

French	English
ne … pas	not
ne … jamais	never
ne … plus	no longer
ne … que	only
ne … rien	nothing

Note: *ne … que* e.g. *Je n'ai mangé que des bananes.*

Note: *ne … jamais* e.g. *Je n'ai jamais mangé de bananes.*

10. ASKING QUESTIONS (INTERROGATIVE FORMS)

There are three basic ways to ask questions in French.

1. Raise your voice at the end of the statement so it becomes a question e.g. *Tu vas au restaurant ce soir ?*
2. Put **Est-ce que** in front of the sentence e.g. *Est-ce que tu vas au restaurant ce soir ?*
3. Change the subject and verb order e.g. *Vas-tu au restaurant ce soir ?*

Some of the most frequently used questions are listed below:

Comment ?	How?
Que ?	What?
Qui ?	Who?
Où ?	Where?
Quel/quelle/quels/quelles ?	Which?
Quand ?	When?
Pourquoi ?	Why?
D'où ?	From where?
Combien ?	How much?

VERBS
11. PRESENT TENSE

The present tense is used to talk about what usually happens e.g. *normalement je joue au football* (I normally play football), what things are like e.g. *mon collège a mille élèves* (my school has a thousand pupils) and what is happening now e.g. *je fais mes devoirs* (I'm doing my homework).

REGULAR VERBS

Set time aside each week to learn a verb pattern. In French, many verbs in the present tense follow the 1, 2, 3 pattern below:

	Verb type	Example	English
1.	-er	donn**er**	to give
2.	-ir	fin**ir**	to finish
3.	-re	vend**re**	to sell

Remember that each 1, 2, 3 pattern has different endings. Check out the following verb tables.

1. donner

je donn**e**	I give
tu donn**es**	you give (singular)
il/elle donn**e**	he/she gives
nous donn**ons**	we give
vous donn**ez**	you give (polite singular/plural)
ils/elles donn**ent**	they give

2. finir

je fin**is**	I finish
tu fin**is**	you finish (singular)
il/elle fin**it**	he/she finishes
nous fin**issons**	we finish
vous fin**issez**	you finish (polite singular/plural)
ils/elles fin**issent**	they finish

3. vendre

je vend**s**	I sell
tu vend**s**	you sell (singular)
il/elle vend	he/she sells
nous vend**ons**	we sell
vous vend**ez**	you sell (polite singular/plural)
ils/elles vend**ent**	they sell

IRREGULAR VERBS

Be careful! In French, there are many irregular patterns of present tense verbs. The most common irregular verbs are:

aller   to go
avoir   to have
être   to be
faire   to do/make

aller

je vais	I go
tu vas	you go (singular)
il/elle va	he/she goes
nous allons	we go
vous allez	You go (polite singular/plural)
ils vont	They go

avoir

j'ai	I have
tu as	you have (singular)
il/elle a	he/she has
nous avons	we have
vous avez	you have (polite singular/plural)
ils/elles ont	they have

être

je suis	I am
tu es	you are (singular)
il/elle est	he/she is
nous sommes	we are
vous êtes	you are (polite singular/plural)
ils/elles sont	they are

faire

je fais	I do/make
tu fais	you do/make (singular)
il/elle fait	he/she does/makes
nous faisons	we do/make
vous faîtes	you do/make (polite singular/plural)
ils/elles font	they do/make

REFLEXIVE VERBS

Present tense reflexive verbs include:

se coucher	to go to bed
*je **me** couche*	I go to bed
*tu **te** couches*	you go to bed (singular)
*il/elle **se** couche*	he/she goes to bed
*nous **nous** couchons*	we go to bed
*vous **vous** couchez*	you go to bed (polite singular/plural)
*ils/elles **se** couchent*	they go to bed

PRESENT PARTICIPLE

The present participle is normally made by adding **-ant** to the stem of the present tense of **nous**.

Present of 'nous'	Present participle	English
nous allons	allant	going
nous regardons	regardant	looking/watching
nous disons	disant	saying

There are also some irregular ones:

Present of 'nous'	Present participle	English
nous avons	ayant	having
nous sommes	étant	being
nous savons	sachant	knowing

Present participles should be used in the following way using **en** e.g. *il est rentré du match **en** chantant* (he went home from the match singing).

12. FUTURE TENSE

There are two ways of forming the future tense in French. You can either use:

1. The present tense of **aller + infinitive** e.g. *Je **vais acheter** un nouveau portable*.
2. Or add future endings to the infinitive e.g. *J'**achèterai** un nouveau portable*.

The second form follows this pattern of endings: **-ai, -as, -a, -ons, -ez, -ont**.

13. CONDITIONAL TENSE

Use the conditional tense when you want to say 'would/could/should'. To form this tense, use the stem of the future tense and the endings of the imperfect tense.

je finirais	I would finish
tu finirais	you would finish (singular)
il/elle finirait	he/she would finish
nous finirions	we would finish
vous finiriez	you should finish (formal/plural)
ils/elles finiraient	they would finish

14. PERFECT TENSE

Perfect (past) tense with avoir

Most verbs are formed in the perfect tense using the present tense of **avoir**.

Verb endings:

-er verbs	e.g. manger	mangé
-ir verbs	e.g. finir	fini
-re verbs	e.g. vendre	vendu

To form the perfect tense you first need to add the present tense of **avoir.**

j'ai mangé	I ate
tu as mangé	you ate (singular)
il/elle a mangé	he/she ate
nous avons mangé	we ate
vous avez mangé	you ate (polite/plural)
ils/elles ont mangé	they ate

Perfect (past) tense with être

The following list shows all the verbs that use the present tense of **être** to form the perfect tense. All reflexive verbs are formed in the same way.

aller	to go
arriver	to arrive
descendre	to go down
devenir	to become
entrer	to enter
monter	to go up
mourir	to die
naître	to be born
partir	to leave
rentrer	to go back

rester	to stay
retourner	to return
revenir	to come back
sortir	to go out
tomber	to fall
venir	to come

As they are formed with the present tense of **être**, the endings of the verbs will need to agree with the subject. See the verb **arriver** below as an example:

je suis arrivé(e)
tu es arrivé(e)
il est arrivé
elle est arrivée
nous sommes arrivé(e)s
vous êtes arrivé(e)s
ils sont arrivés
elles sont arrivées

15. IMPERFECT TENSE

The imperfect tense refers to the past e.g. **I was/used to**. The endings are:

-ais
-ais
-ait
-ions
-iez
-aient

Use the above endings with the stem of **nous** from the present tense:

Present 'nous' form	Imperfect 'je' form	English
nous donn**ons**	je donn**ais**	I was giving
nous finiss**ons**	je finiss**ais**	I was finishing
nous vend**ons**	je vend**ais**	I was selling

Note: this is the same for all verbs except **être**.

16. PLUPERFECT TENSE

The pluperfect tense is formed using the imperfect of the verbs **avoir/être** with the past participle. The verbs which use **avoir/être** are the same as in the perfect tense e.g. *j'étais allé(e)* (I had gone), *il avait mangé* (he had eaten).

17. TENSES WITH *SI*

Check the following rule of extended sentences with **si**:

- **si + present tense** (future) e.g. *S'il arrive, je te dirai* (If he arrives, I will tell you).
- **si + imperfect tense** (conditional) e.g. *Si nous venions, je te téléphonerais* (If we were to come, I would telephone you).

18. IMPERATIVES (COMMANDS)

- In French you can make commands by using the **tu**, **nous** and **vous** form of the present tense.
- Remember to omit the pronoun (i.e. tu, nous, vous).

Mange !	Eat! (singular)
Mangeons !	Let us eat!
Mangez !	Eat! (plural)

- Note: for verbs ending in **-er** you will need to leave out the **'s'** of the **tu** form e.g. **Tu vas → Va !** (Go!)

19. PASSIVE VOICE

The passive uses the verb **être** (*to be*) with the past participle of the verb. It is used to say what has been done to someone or something.

- Present passive e.g. *le recyclage est fait* (the recycling is done)
- Imperfect passive e.g. *j'étais respecté* (I was respected)
- Perfect passive e.g. *J'ai été piqué par une abeille* (I have been stung by a bee)

20. SUBJUNCTIVE

PRESENT SUBJUNCTIVE

You will only need to recognise this tense at Higher level for GCSE. It is formed by using the stem of the third person plural from the present tense:

Third person plural present	Subjunctive for first person singular
ils donnent	je donne
ils finissent	je finisse
ils vendent	je vende

The endings for the subjunctive are **-e**, **-es**, **-e**, **-ions**, **-iez**, **-ent**.

21. VENIR DE

In French, you can use **venir de** to say you have just done something. You just use the present tense of **venir de** plus the infinitive of the following verb e.g. *Je viens d'arriver* (I have just arrived). Or you can use the imperfect tense e.g. *Je venais de partir* (I had just left).

22. PERFECT INFINITIVE

- The perfect infinitive is formed by using the infinitive of **avoir** or the infinitive of **être** plus the past participle of the verb. It means 'to have done'.

- It is most often used with the phrase *après avoir* or *après être* (after having done) e.g. *Après avoir vu le film, nous sommes allés manger au restaurant* (After having watched the film, we went to eat in the restaurant).

- Remember, when using **être** in the perfect tense, there will need to be agreements of the past participle depending on whether the noun is masculine, feminine or plural e.g. *Après être descendues, les filles ont mangé le petit déjeuner* (After coming down, the girls ate breakfast).

23. VERB TABLES

REGULAR VERBS

Regular verbs (-er, -ir, -re)

Infinitive		Present	Perfect	Imperfect	Future	Conditional
parler (to speak)	(je) (tu) (il/elle/on) (nous) (vous) (ils/elles)	parle parles parle parlons parlez parlent	ai parlé as parlé a parlé avons parlé avez parlé ont parlé	parlais parlais parlait parlions parliez parlaient	parlerai parleras parlera parlerons parlerez parleront	parlerais parlerais parlerait parlerons parlerez parleraient
finir (to finish)	(je) (tu) (il/elle/on) (nous) (vous) (ils/elles)	finis finis finit finissons finissez finissent	ai fini as fini a fini avons fini avez fini ont fini	finissais finissais finissait finissions finissiez finissaient	finirai finiras finira finirons finirez finiront	finirais finirais finirait finirions finiriez finiraient
vendre (to sell)	(je) (tu) (il/elle/on) (nous) (vous) (ils/elles)	vends vends vend vendons vendez vendent	ai vendu as vendu a vendu avons vendu avez vendu ont vendu	vendais vendais vendait vendions vendiez vendaient	vendrai vendras vendra vendrons vendrez vendront	vendrais vendrais vendrait vendrions vendriez vendraient

COMMON IRREGULAR VERBS

Irregular -er verbs

manger – to eat

The verb *manger* only has one irregularity in the present tense **nous** form e.g. *nous mangeons*.

commencer – to start

The verb *commencer* only has one irregularity in the present tense **nous** form e.g. *nous commençons*.

appeler – to call

Present tense:

> j'appe**ll**e
> tu appe**ll**es
> il/elle appe**ll**e
> nous appelons
> vous appelez
> ils/elles appe**ll**ent

Perfect	Imperfect	Future	Conditional
j'ai appelé	j'appelais	j'appellerai	j'appellerais

Irregular verbs with changes of accents

acheter – to buy

> j'achète
> tu achètes
> il/elle achète
> nous achetons
> vous achetez
> ils/elles achètent

Perfect	Imperfect	Future	Conditional
j'ai acheté	j'achetais	j'achèterai	j'achèterais

espérer – to hope

> j'espère
> tu espères
> Il/elle espère
> nous espérons
> vous espérez
> ils/elles espèrent

Perfect	Imperfect	Future	Conditional
j'ai espéré	j'espérais	j'espérerai	j'espérerais

répéter – to repeat

je répète
tu répètes
il/elle répète
nous répétons
vous répétez
ils/elles répètent

Perfect	Imperfect	Future	Conditional
j'ai répété	je répétais	je répéterai	je répéterais

Some verbs which end in **-oyer** or **-uyer** change the 'y' to 'i' in the singular and the third person plural forms.

envoyer – to send

j'envoie
tu envoies
il/elle envoie
nous envoyons
vous envoyez
ils/elles envoient

Perfect	Imperfect	Future	Conditional
j'ai envoyé	j'envoyais	j'enverrai	j'énverrais

Irregular -ir verbs

courir – to run

je cours
tu cours
il/elle court
nous courons
vous courez
ils/elles courent

Perfect	Imperfect	Future	Conditional
j'ai couru	je courais	je courrai	je courrais

dormir – to sleep

je dors
tu dors
il/elle dort
nous dormons
vous dormez
ils dorment

Perfect	Imperfect	Future	Conditional
j'ai dormi	je dormais	je dormirai	je dormirais

ouvrir – to open

j'ouvre
tu ouvres
il/elle ouvre
nous ouvrons
vous ouvrez
ils/elles ouvrent

Perfect	Imperfect	Future	Conditional
j'ai ouvert	j'ouvrais	j'ouvrirai	j'ouvrirais

partir – to leave

je pars
tu pars
il/elle part
nous partons
vous partez
ils/elles partent

Perfect	Imperfect	Future	Conditional
je suis parti(e)	je partais	je partirai	je partirais

venir – to come

je viens
tu viens
il/elle vient
nous venons
vous venez
ils/elles viennent

Perfect	Imperfect	Future	Conditional
je suis venu	je venais	je viendrai	je viendrais

Irregular -re verbs

boire – to drink

je bois
tu bois
il/elle boit
nous buvons
vous buvez
ils/elles boivent

Perfect	Imperfect	Future	Conditional
j'ai bu	je buvais	je boirai	je boirais

croire – to believe

je crois
tu crois
il/elle croit
nous croyons
vous croyez
ils/elles croient

Perfect	Imperfect	Future	Conditional
j'ai cru	je croyais	je croirai	je croirais

dire – to say

je dis
tu dis
il/elle dit
nous disons
vous dites
ils/elles dissent

Perfect	Imperfect	Future	Conditional
j'ai dit	je disais	je dirai	je dirais

écrire – to write

j'écris
tu écris
il/elle écrit
nous écrivons
vous écrivez
ils/elles écrivent

Perfect	Imperfect	Future	Conditional
j'ai écris	j'écrivais	j'écrirai	j'écrirais

lire – to read

je lis
tu lis
il/elle lit
nous lisons
vous lisez
ils/elles lisent

Perfect	Imperfect	Future	Conditional
j'ai lu	je lisais	je lirai	je lirais

mettre – to put

je mets
tu mets
il/elle met
nous mettons
vous mettez
ils/elles mettent

Perfect	Imperfect	Future	Conditional
j'ai mis	je mettais	je mettrai	je mettrais

prendre – to take

je prends
tu prends
il/elle prend
nous prenons
vous prenez
ils/elles prennent

Perfect	Imperfect	Future	Conditional
j'ai pris	je prenais	je prendrai	je prendrais

vivre – to live

je vis
tu vis
il/elle vit
nous vivons
vous vivez
ils/elles vivent

Perfect	Imperfect	Future	Conditional
j'ai vécu	je vivais	je vivrai	je vivrais

Irregular -oir verbs

pouvoir – to be able to

je peux
tu peux
il/elle peut
nous pouvons
vous pouvez
ils/elles peuvent

Perfect	Imperfect	Future	Conditional
j'ai pu	je pouvais	je pourrai	je pourrais

voir – to see

je vois
tu vois
il/elle voit
nous voyons
vous voyez
ils/elles voient

Perfect	Imperfect	Future	Conditional
j'ai vu	je voyais	je verrai	je verrais

vouloir – to want

je veux
tu veux
il/elle veut
nous voulons
vous voulez
ils/elles veulent

Perfect	Imperfect	Future	Conditional
j'ai voulu	je voulais	je voudrai	je voudrais

IRREGULAR VERBS

Infinitive		Present	Perfect	Imperfect	Future	Conditional
aller (to go)	(je) (tu) (il/elle/on) (nous) (vous) (ils/elles)	vais vas va allons allez vont	suis allé(e) es allé(e) est allé(e) sommes allé(e)s êtes allé(e)(s) sont allé(e)s	allais allais allait allions alliez allaient	irai iras ira irons irez iront	irais irais irait irions iriez iraient
avoir (to have)	(j') (tu) (il/elle/on) (nous) (vous) (ils/elles)	ai as a avons avez ont	ai eu as eu a eu avons eu avez eu ont eu	avais avais avait avions aviez avaient	aurai auras aura aurons aurez auront	aurais aurais aurait aurions auriez auraient
être (to be)	(je) (tu) (il/elle/on) (nous) (vous) (ils/elles)	suis es est sommes êtes sont	ai été as été a été avons été avez été ont été	étais étais était étions étiez étaient	serai seras sera serons serez seront	serais serais serait serions seriez seraient
faire (to do)	(je) (tu) (il/elle/on) (nous) (vous) (ils/elles)	fais fais fait faisons faites font	ai fait as fait a fait avons fait avez fait ont fait	faisais faisais faisait faisions faisiez faisaient	ferai feras fera ferons ferez feront	ferais ferais ferait ferions feriez feraient

REFERENCES

Page 12, 1A(2), Longer reading task: Adapted from *Diam's autobiographie* by Mélanie Georgides.

Page 14, 1A(3), Longer reading task: Adapted and abridged from https://fr.news.yahoo.com/lily-rose-depp-d%C3%A9claration-damour-%C3%A0-karl-lagerfeld-183312655.html.

Page 20, 1B(1), Short reading task: Adapted from *Modes et travaux* magazine, septembre 201.

Page 20, 1B(1), Longer reading task: Adapted from *Prima* magazine, août 2014.

Page 22, 1B(2), Short reading task: Extract of a quiz from *Manuel de survie pour les filles d'aujourd'hui* by Charlotte Grossetête.

Page 22, 1B(2), Longer reading task: Adapted and abridged from https://fr.news.yahoo.com/lily-rose-depp-d%C3%A9claration-damour-%C3%A0-karl-lagerfeld-183312655.html.

Page 25, 1B(3), Longer reading task: Article adapted from *Ouest France*, 6.9.15.

Page 34, 2A(2), Short reading task: Adapted from *Guide Evasion en France. Bretagne Nord*. Publisher Hachette 2013.

Page 46, 2B(3), Longer reading task: Adapted from *Elise ou la vraie vie* by Claire Etcherelli. Publisher Routledge Edition 1985.

Page 54, 3A(1), Longer reading task: Adapted from *Coup de Foudre au collège* by Louise Leroi.

Page 58, 3A(3), Short reading task: Adapted from web page from the Lycée Jacques Brel in Lyon.

Page 66, 3B(2), Short reading task: Adapted extract from the French pop star Mylène Farmer's biography.

Page 80, 4A(3), Short reading task: Questionnaire adapted from a book about diets, *Le nouveau régime*.

Page 90, 4B(2), Short reading task: Adapted from magazine *Phosphore* 8.15.

Page 92, 4B(3), Short reading task: Adapted from *Max et Ninon* by Lilias Nord. Publisher Nathan Vacances 2013.

Page 92, 4B(3), Longer reading task: Adapted from www.femina.fr.

Page 105, 5A(2), Longer reading task: Adapted from *Eugénie Grandet* by Honoré de Balzac. Publisher Le livre de poche Edition 1972.

Page 114, 5B(3), Longer reading task: Adapted from *Vendredi ou la vie sauvage* by Michel Tournier. Publisher Gallimard Jeunesse.

Page 124, 6A(2), Short reading task: Abridged extract from *L'Étranger* by Albert Camus.

Page 130, 6B(1), Longer reading task: Adapted and abridged from *Enzo, 11 ans, sixième 11* by Joëlle Ecormier. Publisher Nathan 2013.

Page 145, 7A(2), Longer reading task: TripAdvisor reports for the restaurant L'Ile Verte in Quiberon.

Page 147, 7A(3), Longer reading task: Adapted from *Petits Gâteaux de Grands Pâtissiers* by Cécile Coulier. Publisher Éditions de la Martinière 2012.

Page 156, 7B(3), Longer reading task: Adapted from *La mort au Festival de Cannes* by Brigitte Aubert. Publisher Points 2016.

Page 165, 8A(1), Longer reading task: Three verses from the poem 'L'environnement' by Mariche Ahcene.

Page 176, 8B(2), Longer reading task: Adapted from *La fabrique du monstre : 10 ans d'immersion dans les quartiers nord de Marseille, la zone la plus pauvre d'Europe* by Philippe Pujol. Publisher broché 2016.

Page 186, 9A(1), Short reading task: Adapted source: Ouest France.

Page 188, 9A(2), Longer reading task: Adapted from *Stupeur et tremblements* by Amélie Nothomb. Publisher Albin Michel 1999.

Page 198, 9B(3), Longer reading task: *Désolée, je suis attendue* by Agnès Martin-Lugand. Publisher broche 2016.

IMAGE CREDITS

Icons: Reading, Listening, Speaking, Writing, Extra, Grammar, Lightbulb, Vocabulary, © schinsilord – Fotolia.

Pages 8–9, © JB Fontana – Fotolia. Page 11, © micromonkey – Fotolia. Page 12, © Milkos – Fotolia. Page 15, © stadelpeter – Fotolia. Page 21, © talitha – Fotolia. Pages 22–23, © Photograohee.eu – Fotolia. Page 23, © schinsilord – Fotolia. Page 24 a, © xamyak13 – Fotolia. Page 24 b, © rersaputra – Fotolia. Page 24 c, © Jérôme Rommé – Fotolia. Page 24 d, © 09910190 – Fotolia. Page 24 e, © Gino Santa Maria – Fotolia. Page 24 f, © julien tromeur – Fotolia. Page 24 g, © Nadalina – Fotolia. Page 24 h, © fantom_rd – Fotolia. Page 25, © lassedesignen – Fotolia. Page 29, © JackF – Fotolia. Pages 30–31, © Jack F – Fotolia. Page 35 1a, © ALDECAstudio – Fotolia. Page 35 1b, © ALDECAstudio – Fotolia. Page 35 1c, © jovannig – Fotolia. Page 35 2a 2b 2c, © izumikobayashi – Fotolia. Page 35 3a 3b 3c, © pressmaster – Fotolia. Page 35 5a, © Monkey Business – Fotolia. Page 35 5b, © Kalim – Fotolia. Page 35 5c, © Photographee.eu – Fotolia. Page 36, © Grigory Bruev – Fotolia. Page 37, © Kara – Fotolia. Page 42, © nevskyphoto – Fotolia. Page 45, © connel_design – Fotolia. Page 47 1a 1b 1c, © ilynx_v – Fotolia. Page 47 3a 3b 3c, © nezezon – Fotolia. Page 47 5a, © Maxal Tamor – Fotolia. Page 47 5b, © milamon0 – Fotolia. Page 47 5c, © by-studio – Fotolia. Page 47 (b), © lucadp – Fotolia. Page 51, © VRD – Fotolia. Pages 52–53, © sebra – Fotolia. Page 54, BillionPhotos – Fotolia. Page 55, © monkeybusiness – Fotolia. Page 56, © Vladimir Melnikov – Fotolia. Page 59, © fullempty – Fotolia. Page 64 a, © flaya – Fotolia. Page 64 b, © rersaputra – Fotolia. Page 64 c, © industrieblick – Fotolia. Page 64 d, © pixel_dreams – Fotolia. Page 64 e, © Gino Santa Maria – Fotolia. Page 64 f, © Nadalina – Fotolia. Page 65, © Christian Schwier – Fotolia. Page 66, © Antonio Gravante – Fotolia. Page 69, © Tom Wang – Fotolia. Page 74, © David Pereiras – Fotolia. Pages 76–77, © Brian Jackson – Fotolia. Page 79, © BillionPhotos.com – Fotolia. Page 81, © freshidea – Fotolia. Page 83, © yatcenko – Fotolia. Page 89, © WaveBreakMediaMicro – Fotolia. Page 91, © Andrey Popov – Fotolia. Page 93, © Focus Pocus LTD – Fotolia. Page 99, © determined – Fotolia. Pages 100–101, © Black Spring – Fotolia. Page 102, © Zerophoto – Fotolia. Page 104, © berc – Fotolia. Page 107, © Delphotostock – Fotolia. Page 110, © zhu difeng – Fotolia. Page 113 3a, © teracreonte – Fotolia. Page 113 3b, © nasik – Fotolia. Page 113 3c, © casaltamoiola – Fotolia. Page 113 4a 4b 4c, © Atlantis – Fotolia. Page 113 (b), © russieseo – Fotolia. Page 114 © Dominique VERNIER – Fotolia. Page 115, © Boggy – Fotolia. Page 118, © nezezon – Fotolia. Page 119, © paolo maria airenti – Fotolia. Pages 120–121, © mikola249 – Fotolia. Page 122, © zhu difeng – Fotolia. Page 124, © Tamara Kulikova – Fotolia. Page 125, © pathdoc – Fotolia. Page 127, © monkeybusiness – Fotolia. Page 131, © Mila Supynnska – Fotolia. Page 133, © goodluz – Fotolia. Page 135, © djile – Fotolia. Page 139, © soloveyigor – Fotolia. Pages 140–141, © Iuliia Metkalova – Fotolia. Page 143, © david_franklin – Fotolia. Page 146 © Robert Kneschke – Fotolia. Page 147 1a 1b 1c, © cirodelia – Fotolia. Page 147 2a, © superpo – Fotolia. Page 147 2b, © grandeduc – Fotolia. Page 147 2c, © lenavetka87 – Fotolia. Page 147 3a 3b 3c, © edou777 – Fotolia. Page 147 5a, © Atlantis – Fotolia. Page 147 5b 5c, © pandavector – Fotolia. Page 147 6a, © shekaka – Fotolia. Page 147 6b, © viperagp – Fotolia. Page 147 6c, © dule964 – Fotolia. Page 152, © Delphostock – Fotolia. Page 153, © LuckyImages – Fotolia. Page 155, © Mik Man – Fotolia. Page 157, © JackF – Fotolia. Page 160, © eddygaleotti – Fotolia. Page 161 1, © dule964 – Fotolia. Page 161 2, © AlenKadr – Fotolia. Page 161 3, © anna pozzi – Fotolia. Page 161 4, © grandeduc – Fotolia. Page 161 5, © viperagp – Fotolia. Pages 162–163, © peshkov – Fotolia. Page 164, © korionov – Fotolia. Page 166, © icsnaps – Fotolia. Page 167 1, © spinetta – Fotolia. Page 167 2, © mars58 – Fotolia. Page 167 3, © BillionPhotos.com – Fotolia. Page 167 4, © Syda Productions – Fotolia. Page 167 5, © Richard Villalon – Fotolia. Page 167 6, © Pixavril – Fotolia. Page 169, © Smileus – Fotolia. Page 175, © Halfpoint – Fotolia. Page 177, © sanchos303 – Fotolia. Page 179 3a, © sichkarenko_com – Fotolia. Page 179 3b, © misaleva – Fotolia. Page 179 3c, © Africa Studio – Fotolia. Page 179 4a, © VIGE.co – Fotolia. Page 179 4b, © Nikolai Titov – Fotolia. Page 179 4c, © 3Dmask – Fotolia. Page 179 5a, © juliars – Fotolia. Page 179 5b, © markus_marb – Fotolia. Page 179 5c, © sveta – Fotolia. Page 183, © sylv1rob1 – Fotolia. Pages 184–185, © Konstantin Yuganov – Fotolia. Page 186, © Syda Productions – Fotolia. Page 189, © vege – Fotolia. Page 190, © connel_design – Fotolia. Page 195, © javiindy – Fotolia. Page 196, © Olivier Le Moal – Fotolia. Page 199, © faithie – Fotolia. Page 203, © kanashkin – Fotolia. Pages 204–240 © schinsilord – Fotolia.